話のくずかご

Anthology of tales and words

Tadao Shimomiya **下宮忠雄**

文芸社

まえがき（プロローグ）

『話のくずかご』は、ここ20年間の読書（夏目漱石、森鷗外、三浦綾子、トルストイ、言語学）、新聞、ラジオ、ノートからのメモ250項目ほどを（私の習慣で英語の）キーワードのABC順に配列したものである。

『ブリタニカ国際大百科事典』（東京1995）に掲載の「言語」も載せた。漱石山房記念館（p.181）など、最新のものも載っている。

2017年3月7日　埼玉県所沢市のプチ研究室
下宮忠雄

[ピックアップ項目] ①自動死体処理機（p.15）；②faux amis（フォーザミ，偽りの友，p.47）日本語の「妻」＝中国語「愛人」；③蜂谷弥三郎、無実のスパイ容疑でシベリア抑留50年（p.63）；④氷島 The Iceland（p.79）二児を残して蒸発せる妻は杳として行方知れず、わが心は極地に住む氷島人のごとき なり。

『ア・ジャパニーズ・ロビンソン・クルーソー』(1898) の著者
小谷部全一郎 (1867-1941)。ロビンソン・クルーソーはDaniel Defoeの空想小説だが、小谷部博士のは実話である。青雲の志を抱いて (with high ambitions)、何度も生死の危険を乗り越えて、1888年アメリカへ到達し、Ph.D.を得て、帰国した。本書p.87参照。

主要目次（兼・索引）

まえがき（プロローグ）3　　　あとがき（エピローグ）214

[日本語索引]

1. 小話・童話：

ドングリ 9

不思議の国のアリス 11

自動死体処理機 15

バンビ 16

鯉魚 25

やられた 30

カラスとイヌ 32

伸び支度 34

画の悲しみ 36

ごんぎつね 50

フライパン 52

おじいさんのランプ 59

一房の葡萄 60

八百屋のネコ 61

大人の眼と子供の眼 62

ビルマの竪琴 65

ハイジ 66

琴の音 73

忘恩の罰 81

王様と召使 96

夫と妻 121

うた時計 132

銀河鉄道の夜 136

鼻 138

蜜柑 139

星の王子さま 147

王子と乞食 154

快走 166

蜘蛛の糸 182

星と花と小鳥 185

山月記 193

宝おばけ 195

トロッコ 196

森は生きている 198

愛あるところに神あり 204

狼森と笊森、盗森 209

2. 人物：

三浦按針 10

チェンバレン 29

クリントン 30

エリセーエフ 39

蜂谷弥三郎 63

小谷部全一郎 87

ケネディ父娘 95

中川芳太郎 133

パク・クネ 143

内藤濯 147

今道友信 157

ロビンソン・クルーソー 165

3. 文学：

芥川龍之介 138, 139, 160, 182, 196

有島武郎 28, 60, 146

アンデルセン 80

五木寛之 203

井上ひさし 97

岡本かの子 25, 166

小川未明 185

金子みすゞ 94

鴨長明　94
川端康成　82
神沢利子　52
北原白秋　64
国木田独歩　36
ゲーテ　54
　すみれ　202
ゴーゴリ　35, 140
佐多稲子　172
島崎藤村　23, 34
スコット　173
竹山道雄　65
谷崎潤一郎　149
寺田寅彦　9
壺井栄　199

土岐善麿　134
トルストイ　43, 163, 204, 210
中島敦　96, 193
夏目漱石　13, 53, 97, 170, 180, 181
新美南吉　50, 59, 132
西脇順三郎　137
萩原朔太郎　79
萩原葉子　64
樋口一葉　73
松尾芭蕉　16
三浦綾子　51, 176
宮沢賢治　136, 209
森鷗外　33, 171, 191
吉田兼好　175
吉屋信子　56

4. 作品：

足摺岬　14
ア・ジャパニーズ・ロビンソン
・クルーソー　87
或る女　28
伊豆の踊子　82
雨月物語　200
エッダ　38
外套　140
吉里吉里人　97
ゲーテのイチョウ　54
こころ　97
三四郎　170
山椒大夫　171
死せる魂　35
春琴抄　149
塩狩峠　176
すずらん　120

即興詩人　80
それから　13
高瀬舟　191
乳房を知らぬ娘　56
二十四の瞳　199
日本アルプス登頂記　83
ハイアワサの歌　71
破戒　23
ビルマの竪琴　65
氷点　51
氷島Iceland　79
復活　163
方丈記　94
舞姫　33
門　53
雪の降る町を　179
羅生門　160

5. 言語学：

言語　98-118
ロシア語読本　21

ケルト語と言語学　26
ヨーロッパ語会話書　44, 46

いつわりの友　47
音声表記　17, 188
言語学の歴史（日本の）　74
メーリンガー連合中枢　126

6.　言語学者：

ボンファンテ　18
C.D. バック　24
メイエとシュミット　122
メーリンガー　126
ポティエ　151
H. スウィート　188

7.　文法：

アクセント　8, 9
「ある」と「ない」　13
禁煙がキネンに　95
フランス語口語入門書　17
パロディ　143
連濁　161

8.　外来語の語源：

グルメ　58
ジューン・ブライド　92
モナミ　129
モンブラン　131
パン　141
ペット　146
レストラン　162
サラリーマンのドラマ　167
スカイライナー　178
スポーツニュース　183
お茶とコーヒー　192
ワインとビール　208

9.　辞書：（定義35）

American Heritage 辞典　12
Concise Oxford 辞典　31
Pocket Oxford 辞典　148
Paul のドイツ語辞典　144
Larousse 仏語辞典　119
印欧諸語同意語辞典　24

10.　その他：

自動死体処理機　15
中国　29
認知症　35
日本流英語　42
ヨーロッパ化　43
食糧難　49
釜石線　93
君が代英訳　95
原稿　121
　　推敲 Boileau　148
ヨハネ伝の日本語訳　140
太平洋戦争　141
美の壺　150
ピョンヤン　137, 156
プーシキン宣言　155
ラジオ深夜便　157
共和国　161
ローマ　165
スキュティア　175
昭和は歌の黄金時代　177
吉幾三　212

Tadao Shimomiya, Anthology of tales and words. Bungeisha, Tokyo, 2017. Printed in 200 copies.

accent（アクセント）日本語'ame（高低）「雨」、a'me（低高）「飴」のように、日本語のアクセントは高低アクセント（pitch accent）である。'hashi（高低）「箸」、ha'shi（低高）「橋」；o'kashi（低高低）「お菓子」、'okashi（高低低）「岡氏」、o'ka'shi（低高高）「お貸し」。

英語はáddress（住所）、addréss（話しかける）のように、強弱アクセント（stress accent）である。ドイツ語も'übersetzen（川の）「向こうに渡す」とüber'setzen（英語から日本語に）「翻訳する」のように、アクセントの位置により、意味が異なる。

スペイン語cánto「私は歌う」、cantó「彼は歌った」。スペイン語はアクセントの位置により、término「期限」、termíno「私は終わる」、terminó「彼は終わった」。

スウェーデン語は単音調（single tone）と複音調（double tone）により意味が異なる。ánd ↘ en（鴨；and 'duck' + en 'the'）、ànde ↘ n ↗（霊魂；ande 'spirit' + n 'the'）。

ロシア語もアクセントの位置により意味を区別する。góroda「都市の」gorodá「都市、複数」（主格はgórod, cf.Novgorod地名ノヴゴロド、新しい都市の意味）。

accentの語源ラテン語accentusは「歌に合わせること」（ad-cantus）の意味で、これはギリシア語pros- ôidíā（cf.英prosody韻律論）を訳したものである。ラテン語のアクセントは、語末から2音節目が長音の場合には、そこに、短音の場合は語末から3音節目にくる。vĕ'nērunt 'they had come'、'vēnerint 'they would have come'.

8

accent アクセントのない母音は I am → I'm, I have → I've のように脱落する。フランス語も同じ。ブザンソンで日本人女子学生が殺されたとき、学生寮にいたフランス人の学生が、フランス語で j'ai entendu 'I've heard' と言うべきを j'entendu「私は（叫び声を）聞いた」と言った。ai 'have' が省略されている。（2016年11月）

Acorns（ドングリ）寺田寅彦の随筆。

　私は学生結婚し、妻はお産を控えていた。小春日和に妻は気分がよかったので、私と一緒に植物園に行った。妻はドングリを拾って楽しんでいた。ハンカチを出してドングリを入れた。もう入らないわ。あなたのハンカチも貸してくださらない？

　やがて妻は女の子を生んだが、まもなく亡くなった。

　娘が6歳になったとき、妻と一緒に行った植物園を訪れた。娘はドングリを拾って、楽しんでいた。「大きいドングリちゃん、ちいちゃいドングリちゃん、みんなおりこうさん」と歌いながら、私の帽子の中に一杯に入れた。鶴を折るのもじょうずだし、DNAは母親と同じなんだな。でも早死のDNAはいやだよ。

　寺田寅彦（1878-1935）物理学者、随筆家。1896年、熊本の第五高等学校で夏目漱石に英語を学んだ。漱石の影響で俳句を作り、漱石の推薦でホトトギスに掲載された。1908年『尺八の音響学的研究』で理学博士号を得て東大教授になった。漱石山房木曜会のメンバー（p.181）で、「天災は忘れたころにやってくる」の名言がある。

Adams〔Chamberlain, B.H.〕Will Adams（三浦按針、1564-1620）日本に住んだ最初の英国人。1598年、メキシコとの貿易のためオランダ商会の船長（"Pilot Maior of a fleete of five sayle"）に雇われたが、ペルー（"Perow"）から、嵐のために日本（"Iapon"）に漂流し、豊後の長崎（"Langasacke"；lang「長い」地名を前の半分だけオランダ語に訳した）に1600年4月19日に漂着。最初、家康の捕虜となったが、正直と造船技術を見込まれて、家康の政治顧問として仕えた。故郷のケント州に残してきた妻子に会いたいと再三帰国を申し出たが許されなかった。1602年、日本人女性お雪と結婚し、1605年、逸見村（三浦半島）に家康から領地を得て、そこに永住した。アダムズ一行はマゼラン海峡付近を航海していたとき、食料が尽きたので、ペンギンを捕獲して食べた。彼らはこの大きな鳥をまだ見たことがなかった。大きなアヒルの一種だと思っていた。（クラウス・モンク・プロム著、日本語版監修・幡井勉、下宮忠雄訳『家康と按針－将軍に仕えたあるイギリス人の生涯』出帆新社、東京2006）

airport landing and takeoff fee（空港発着料）成田42万円、インチョン18万円、ホンコン18万円。2012年。

Akasaka（赤坂プリンスホテル）1978年完成。年末年始をここで過ごすことがステータスになった。2011年解体を決定。2011年3月、東北震災被災者の宿泊所になった。

Alaska（アラスカ）1867年アメリカがロシアから800万ドルで購入。

Alice's Adventures in Wonderland（不思議の国のアリス）イギリスのルイス・キャロル作の童話（1865）

アリスは森のそばで遊んでいた。おねえさんの本は活字ばかりで絵がなくてつまらないな。アッ、ウサギだ。ウサギは時計を見ながら、急がなきゃ、遅れちゃうぞ、と走っていた。アリスはあとを追いかけた。ウサギは井戸の中に入って行ったので、アリスもあとを追うと、井戸の中に落ちてしまった。ウサギは井戸の底から抜け出して、なおも走り続けるので、アリスも追いかけた。すると途中にビンが置いてあり、「このジュースを飲んでください」と書いてあったので、飲むと、急に身体が小さくなり、イモムシぐらいの大きさになった。さらに走って行くと、小さな家があった。中に入ると「このクッキーを食べてください」と書いてあったので、食べると、急に身体が大きくなり、首は鶴のように長くなった。そして頭がドアのそとに突き出し、片足は煙突から突き出てしまった。やっと家から這い出して、ウサギのあとを追うと、宮殿に着き、食卓では王様、女王様、兵士たちが食事を始めるところだった。

ウサギはこの宴会に急いでいたのだ。アリスも席につこうとすると、王様が「お前は誰だ」と言うので、「アリスです」と答えると、「招待されもしないのに来るとは失礼じゃないか。死刑にしてしまえ」と叫んだ…。

そこで、目が覚めた。「いつまで寝ているの」とおねえさんが言った。

alumni meeting同窓会は社会の縮図。勝ち組もあれば、負け組もある。70歳台、80歳台は女性が圧倒的に多い。

Amakusa（天草航空、熊本）たった1機のエアライン。1998年就航。天草→熊本→福岡→大阪、そのリターン。年間600回、就航率96％は上出来だ。低空のため眺めがよい。医者など通勤代わりに利用。命の翼と呼ばれる。

American Heritage Dictionary of the English Language『アメリカン・ヘリテージ英語辞典』手元にあるのは第4版のカレッジ版（Boston and New York, 2002）で、巻末にCalvert Watkinsの印欧祖語と印欧語民族の文化、印欧語根318語と英語との関連が掲げられている。

　ワトキンズ（1933-2013）はHarvard大学言語学および古典学教授で、ケルト語が専門だった。ワトキンズのThe American Heritage Dictionary of Indo-European Roots（Boston, 1985）は1,403個の印欧語根と現代英語との関連を述べる。ポコルニー（J.Pokorny）の『印欧語語源辞典』（1959）の印欧語根は2,044個である。

　印欧語根には同音異義語が種々あり、*sekw-には次の三つがある。同根ではなく、homonymsである。

　sekw-[1]「従う」ラテン語sequī従う；secundus次に続くべき、第二の；アプラウト形socius従う人、仲間。

　sekw-[2]「見る」ゲルマン語*sehwan見る；英see

　sekw-[3]「言う」英say（古代英語secgan）言う；英saw ことわざ（古代英語sagu）；古代ノルド語saga散文物語；skaldスカルド詩人（＜*skw-e-tlo-語り）。

And Then（それから）夏目漱石の小説（1909）

　長井代助は、大学を卒業してから、就職も結婚もせず父や兄から経済的援助を受けながら、気ままに暮らしていた。代助は三千代という女性を恋していたが、友人の平岡から三千代と結婚したいという相談を受けたとき、自分の思いをあきらめて、二人をとりもった。

　平岡が妻の三千代と一緒に東京へ戻ってきた。代助と三千代は何度か会ううちに、昔がよみがえった。代助は実家の父や兄から縁談をすすめられていた。

　代助は三千代に告白した。そして、平岡に三千代を譲ってほしいと頼んだ。平岡は承知したが、父と兄は激昂（げき）し代助に勘当を言い渡した。彼は父と兄から経済的援助を打ち切られてしまった。恋を成就することはできたが、仕事を見つけねばならない。p.53 p.170

Antonio Canova（アントニオ・カノヴァ）アントニオはまだ少年だが、器用な彫刻家だった。あるお屋敷で彫刻が壊れてしまった。今晩は大事な晩餐会があるのだ。それまでに代わりの彫刻を手に入れねばならない。アントニオはバターでライオンが跪（ひざまず）いている彫刻を作り、来客たちは驚嘆し、絶賛した。（Baldwin）

Arabian Tunnel（アラビアのトンネル）ジュール・ヴェルヌ『海底2万里』1870. 水深50メートルのトンネルをくぐって20分で地中海に出た。

aru は動詞だが、nai は副詞か形容詞か。［答］形容詞。akai, aoi, kuroi, yoi, warui など、-i で終わるから。

13

Ashizuri Cape（足摺岬）は高知県南端の岬で、太平洋
に突出している。田宮虎彦（1911-1988）の小説（1949）。

　私は母に死なれ、大学への魅力も失せて、死ぬ覚悟で
足摺岬を訪れた。だが、現場に着いて、いざ飛び込もう
としたが、足がすくんでしまった。とりあえず、その晩
は四国参りのお遍路用の宿にとまることにした。宿は母
と娘の経営で、客は年老いた遍路と薬売りの二人だっ
た。足摺岬からずぶ濡れになってきた私に宿の母は「馬
鹿なことはせんもんぞね」と言って、娘と一緒に手厚く
介抱してくれた。年老いた遍路は「生きることはつらい
ものじゃが、生きておるほうが、なんぼよいことか」と
言った。薬売りは金のない私に薬を飲ませてくれた。

　ある日、私は、ぼんやりと、また足摺岬に出かけた。
その帰りを娘の八重が待ち伏せていた。その晩、私と八
重は結ばれた。三年後に、私は八重を迎えに足摺岬の宿
を訪れた。私と八重は東京で10年あまり苦しい生活を
送った。私を救ってくれた八重は、貧しい生活に疲れて
死んだ。私が殺したようなものだった。戦争が終わった
翌年、私はふたたび足摺岬を訪れた。八重の母は老いて
いた。八重の弟は特攻隊から帰国して、すっかりぐれて
いた。自分に死を要求した人間たちをののしった。

　田宮虎彦は東大国文科卒。父親との不和から、貧しい
学生生活を送った。胃ガンで亡くなった妻との往復書簡
『愛のかたみ』（1957）はベストセラーになった。

autumn 秋。小さい秋見つけた。（サトウハチロー）

14

automatic funeral processor（自動死体処理機）

　上記の英語と日本語の表現は正確には一致しないが、こんな機械があったらいいなと考えた。サブタイトルは「あなたのお骨をセラミックにいたします」。使用料は20万〜30万円。お医者さんから、いのちはもうはいくらもありませんよと言われ、生きる希望を失ったら、自分から機械の中に入ってボタンを押す。死の苦痛は全然ない（安楽死euthanasia）。お骨は門札のようなセラミックになる。大きさは縦16センチ、横8センチ、厚さ1.5センチ（愛用の三省堂デイリーコンサイス英和辞典と同じ）に横書きで名前が漢字とローマ字で、それと生没年（西暦）が記される。死亡通知20〜30枚が発送される。あて先は家族、親せき、友人、市役所。市役所へはマイナンバーも添える。そこから年金機構に通知され年金が中止される。

Avalon（ケルト語でリンゴの島）アーサー王と12人の騎士の死後運ばれた楽土の島。Island of the Blessed Souls（極楽浄土）。アバロンというパチンコ店がある。

Avicena（アビセナ、Abu Ibn Sina, 980-1037）アラビアの哲学者、数学者、天文学者、医者。その『医学大全』（Canon of Medicine）は17世紀まで標準的な教科書として用いられた。食事は1日2回、パン、米、魚がよい。スペインのことわざ「饗宴（cena）のために死んだ人はアビセナが治療した人の数より多い」Más mató la cena que sanó Avicena. 食べ過ぎは健康にわるい。

15

Baldwin, James（1841-1925）アメリカの作家、教育家。インディアナ生まれ。『50の有名な物語』ほか54冊、合計2,600万部。Antonio Canova, Bruce and the Spider, Napoleon, Sir Walter Raleigh, Ungrateful Soldier 参照。

Bambi（バンビ）オーストリアのザルテン Felix Salten 作の童話（1928）。バンビは小鹿の名前である。バンビは、春、森の中で生まれた。ママと楽しく暮らしていたが、冬に、ママは人間に殺されてしまった。そのとき、殿さまの鹿があらわれて、これからは強く生きて行くんだぞ、と言った。ぼくは成長して恋をした。立派な鹿になろうと決心した。イタリア語バンビーノ bambino は「男の赤ちゃん」、バンビーナ bambina は「女の赤ちゃん」の意味で、ここから Bambi の名前が作られた。

Bashō, Matsuo（松尾芭蕉、1644-94）『奥の細道』1702. 江戸の深川を出て奥羽・北陸地方を経て大垣にいたる 2,400キロ、7か月の大旅行を描いた紀行文。「月日は百代の過客にして行きかふ年もまた旅人」に始まる。The passing months and days are travelers of eternity; so are the years that come and go. 没後出版。

bathing（入浴）[Chamberlain, B.H.] 清潔は日本文明の独創的な項目の一つである。多くの制度は中国からきているが、風呂桶（tub）は日本独特だ。日本神話によると、イザナギのミコト（the god Izanagi）は亡くなった妻を黄泉の国（Hades）を訪ねた帰りに川の流れで身を清めた。東京には銭湯が1,100軒以上ある（1904年）。

Beyer-Passy（フランス語口語の入門書；Henry Sweet 式音声表記）Elementarbuch des gesprochenen Französisch. Texte, Grammatik und Glossar, von Franz Beyer und Paul Passy（第2版、Cöthen, 1905）原田哲夫文庫、東海大学。発音au［綴りaoût］「8月」は2音節、発音 tabl［綴りtable］「テーブル」は1音節。音の長さは［:］で表す。発音 ʒ:amɛ ʒə-n fre 'sa［綴りJamais j'en ferai ça］ʒ:は強調のため長音「そんなことぼくは絶対にしないぞ」；発音's:e pɑ（通常ʒə-n se pɑ）［綴りsais pas］「私は知らない」；フランス語bɔ̃［bon］はドイツ人には mbɔnのように聞こえる［1978年3月ミュンヘン郊外のムルナウMurnauのゲーテ校で私自身体験した。ドイツ語dann（そのとき）が［dannə］に聞こえた］

Blue mountain range（青い山脈）石坂洋次郎（1900-86）の青春小説（1947）。戦後初の新聞連載小説で、男女の自由恋愛を描き、映画化されて、好評を博した。

Blues in the rain（雨のブルース）淡谷のり子（1907-1999）雨よ降れ降れ、悩みを流すまで…Rain, rain, go, go, till it washes away my suffering…．ブルガリアで「ナミコ」の名で大流行。徳冨蘆花（1868-1927）の『不如帰』（ホトトギスThe cuckoo, 1899）のフランス語訳からブルガリアに紹介された。主人公浪子は理想の結婚をしたが、「ああ、つらい、もう婦人なんぞに生まれはしません」と女性の苦しさを訴えた。1977年、淡谷が70歳のとき、ブルガリアに招待されて大歓迎を受けた。

Bonfante（ボンファンテ、イタリアの言語学者）

　イタリアの言語学者ジュリアーノ・ボンファンテ（Giuliano Bonfante, 1904-2005）は Torino 大学言語学教授であった。『印欧語の方言』（I dialetti indoeuropei, Napoli, 1904, 再版 Paideia, Brescia, 1976）で学界に登場した。この本は A.Meillet の『印欧語の方言』（Paris 1922²）や Walter Porzig の『印欧語域の分化』（Heidelberg 1954）と並んで、この分野の重要文献とされる。マドリッドの歴史研究所の言語学科長（ここの学生に Antonio Tovar がいた）のあと、Princeton 大学のロマンス語教授（Professor of Romance Languages, 1939-1952）、Genova 大学（1952-1959）、Torino 大学言語学教授（1959-）となる。1958 年以後 Accademia Nazionale dei Lincei のメンバーであった。2005 年 5 月、亡くなる 4 か月前に、Lincei の学会紀要論文や『印欧語研究』（Indogermanische Forschungen, Berlin）からの抜き刷りを 17 点いただいた。最後まで健筆であった。

　The Etruscan Language. An Introduction（Manchester University Press, 1983, ix, 174 pp.）は娘の Larissa Bonfante（New York City University の古典学教授）との共著で、挿絵入りの楽しいエトルリア語入門書である。

　エトルリア（Etruria）はローマ台頭以前、1000BC から 100BC ごろまで栄えた帝国で、いまのトスカーナ（Toscana）と同じ語源である。トスカーナはダンテ、ペトラルカ、ボッカッチョの三大文豪を生んだ土地であ

る。エトルリアはメリメの『エトルリアの壺』（Le vase
étrusque, 1830）を思い出させる。パリで一番おろか者
と評判の男が、パリの才媛にイタリアからのおみやげの
壺を贈る話である。

　エトルリアは考古学でも有名である。エトルリアの都
市Caere（カエレ）は西のアテネと呼ばれ、当時、最も
裕福な都市であった。ローマの市民はその子弟を教育の
ためにこの都市に留学させた。その文化が高かった証拠
である。

　次頁の地図はB.C.5世紀のイタリア半島の言語状況を
示したもので、エトルリア語がオスク語、ウンブリア語
などと並んで、広く行われていたことを示している。ラ
テン語の名はローマの下に小さく見える。

　エトルリア語は墓碑銘とミイラをつつんだ包帯（ザグ
レブ博物館蔵）に記された文字しか残っていないので、
解読がむずかしい。ギリシア起源の文字で書かれている
が印欧語ではないらしい。clutmsta = Clytemnestra,
phersipna-i = Persephone, elina-i = Helene, menle =
Menelausであることは人物の絵から分かる。clan 'son'
（pl.clenar）, puia 'wife', śec 'daughter', avil 'year', tin
'day', tivr 'month', tiv 'moon'（moonとmonthが同一語で
ある点が英語と同じ）, ril 'age' などが墓に頻出する。
amce 'he was', turuce 'he gave', lupuce 'he died' の -ce
はギリシア語の完了形-ke（léluke 'he loosen-ed', édôke
'he gave'）を思わせる。

地図説明：Ligurian（リグリア語）はSicel（シケル語）と同系。Rhaetic（ラエティア語）はスイスにもある。Illyrian（イリュリア語）、Venetic（ヴェネト語）、Messapic（メッサピア語）は前印欧語。Sardinian（サルディニア語）はラテン語に近い。南イタリアとシチリア島はMagna Graecia（大ギリシア）と呼ばれギリシアの植民地だった。

Bosporus（ボスポラス海峡）はマルマラ海（Sea of Marmara）と黒海を結ぶ海峡である。bos 'ox' + porus 'ford'「牛が渡れるところ、浅瀬」で、イギリスのOxfordと同じ表現である。アルゴス（Argos）の王イナコス（Inachos）の娘Io（イーオー）に恋したゼウスが彼女を牝牛に変えて海峡を渡らせた。porusは英語fare「行く」（farewell元気で行きなさい）と同根である。

Boyer-Spéranski（ボワイエとスペランスキの）『ロシア語読本』Manuel pour l'étude de la langue russe. Paris, A.Colin, 1905. 手元にあるのは英訳版で、Russian Reader. Accented texts, grammatical and explanatory notes, vocabulary. 著者はPaul Boyer（1864-1949；パリ東洋語学校教授1908-1936）およびN.Spéranski（もと東洋語学校教師instructor）。英訳者はSamuel Northrup Harper（パリ東洋語学校卒業、シカゴ大学ロシア語・ロシア事情助教授）。シカゴ大学出版部、1906、第4刷November 1918. 内容は序文x、テキスト29編p.1-239、脚注（文法的・事項的説明）243-305。索引309-320、語彙（ロシア語・英語）321-381である。体系的な文法はない。テキストの脚注に語法、文法、ロシアの制度などの詳細な説明がある。

　序文によると、本書はフランス語版と英語版が同時進行した。ロシア語の音韻論で重要なpolnoglasie 'full-vowel' なども術語を使わずに説明する。glas（声）とgólos（声）の語根母音laとoloの相違は古代スラヴ語Old Slavonicとロシア語の相違で、両方とも「声」の意味だが、glasはglásnyj「母音」、so-glásnyj「子音」など、古風な文体で用いられる。類例glas naróda, glas Bóžiy（vox populi vox Dei, 民の声は神の声）、glas vopyúščego v pustýne（vox clamantis in deserto, 荒野に呼ばわる声）。so-glásnyj「子音」は英語con-sonantやドイツ語Mit-lautに似ている。

21

Leningrad（レニングラード、レーニンの町）、Novgorod（ノブゴロド、新しい町）のgradとgorodも同類である。gradは英語garden、ドイツ語Gartenと同じでゲルマン語からスラヴ諸語に採りいれられた。

最初のテキスト「リスとオオカミ」のあらすじ。オオカミがリスをつかまえた。質問に答えられたら、放免してやるぞ。「おまえは、なぜそんなに陽気なんだ。おれは退屈でたまらんのだ」。すると、リスが答える。「あなたは、わるい心をもっているから、退屈なんですよ。ぼくらは善良だから、陽気なのです」。

bélka u-šlá「リスは去った」のu-šlá「彼女は去った」。šël「彼は行った」šla「彼女は行った」のšëlは*šed-lからきて、-lは完了分詞。del-al 'he did, he was doing'.

父称（patronymic, p.260）。ロシア人の名は三つからなり、Mikhail Sergeyevich Gorbachev（1931-）はゴルバチョフ家のセルゲイの息子ミハイルの意味で、セルゲーイェヴィチが父称、ゴルバチョフが姓（family name）。

Brewer（Ebenezer Cobham［èbəníːzə ˈkɔbəm brúːwə］, 1810-1897）Brewer's Dictionary of Phrase and Fable. Cassell, London, 1870. 『故事成句辞典』100周年版 centenary edition 1970. xvi, 1175pp. 西欧の古代中世、ゲルマンの歴史、故事、関連の成句3万項目を解説。Tokyo Rose（第二次世界大戦中、女性キャスターとして活躍したアメリカ生まれの日本人）も載っている。日本語訳『ブルーワー英語故事成語大辞典』大修館書店1994.

Broken Commandment, The （島崎藤村『破戒』1906）

　瀬川丑松は信州の北部にある飯山町の小学校の教師だった。自分が特殊部落の出身であることを絶対に打ち明けるな、と父に言われていた。素性を明かしたら、世の中から捨てられるぞ、と。だが、同じ特殊部落の出身でありながら、新しい思想家の猪子蓮太郎は「われは穢多（えた）なり」と公然と叫んで、特殊部落民のために戦っていた。

　校長が丑松は特殊部落民らしいという、うわさを町にばらまき始めた。学校の同僚が丑松を挑発した。老教師の娘お志保だけは自分の味方だった。蓮太郎は暴徒に襲われ、亡くなった。これを知った丑松は真実の道を行く決心をした。授業のあとで、生徒たちの前で「いままで隠していたが、自分は特殊部落民でした。許してください」と告白した。出身を明らかにしたからには、もはや、この町にいられない。私は東京へ出て、アメリカに渡りテキサスで農業に従事することに決めた。

　師範時代の友人から、お志保は特殊部落民と分かっても丑松を愛し、生涯をともにするつもりだと知らされた。やがて丑松は、婚約者お志保、師範時代の友人、教え子たちに送られて飯山の町を去って行った。

［注］穢多は中世・近世に士農工商より下位の身分で、居住地や職業を制限された。1871年の布告により、差別は禁止されたが、社会的差別は存続した。その後、差別待遇を撤廃するために部落解放運動が起こった。

Bruce and the Spider（ブルースと蜘蛛）スコットランドの王ブルースは英国の王と戦っていた。雨の日、天井を見ると、一匹の蜘蛛が糸を柱に結ぼうとしていた。蜘蛛は6回失敗したが、7回目に成功した。ブルースは、これを教訓にして、最後の攻撃を試みた。（Baldwin）

bubble（バブル、泡）1989年株価3.8万円が2003年に崩壊し7,600円に下落。1ドル93円、ユーロ123円。

Buck（印欧諸語同意語辞典）

Carl Darling Buck編『主要印欧諸語の同意語辞典。概念の歴史』シカゴ大学出版部 1949. xix, 1504頁。

C.D.Buck（1866-1955）はシカゴ大学のサンスクリット語および印欧言語学の教授（1892-1933）であった。

初版1949年の値段は40米ドル（16,000円）だった。この金額は当時の日本人の年収に相当した。食うや食わずの時代に日本人の誰が買えたか。だが、この本は売れに売れた。その後、値段は、ほとんど変わらず、第3版1971は三省堂で13,500円（45米ドル）であった。これは当時、非常勤1コマ1か月の給料で買える金額だった。

本書は約1,000項目を世界、人間、動物、飲食物、衣類、家屋、農業、数、時、社会、戦争、法律、宗教など22項目に分け、ギリシア語、ラテン語、ロマンス諸語、ケルト諸語、ゲルマン諸語、スラヴ諸語などを記している。「朝食」の英語breakfastは「断食中止」、スペイン語desayunoも同じ。オランダ語ontbijtは「ひとかじり」、ドイツ語Frühstückは「朝のひとかけら」である。

Carp（鯉魚）岡本かの子著。

　昭という少年は18歳、京都の臨川寺で修行中であった。5月のある朝、大堰川の鯉たちのエサに生飯を与えようと、川のほとりに来ると、一人の女性が倒れていた。

　どうなさったのですかと声をかけると、私は早百合姫と申します。昨日から何も食べていません。水を飲もうとしゃがんだまま、気を失ってしまいました、との返事。

　それでは、これは鯉に与える生飯ですが、こんなものでよろしかったら、お召し上がりください。

　生飯と水をいただき、やっと気を取り戻した娘は、身の上を語った。私は京都のお城に住んでおりましたが、父は戦に出たまま帰ってまいりません。一人取り残された私は、命からがら逃げて来ました。青年は、とりあえず池のほとりに停泊していた小舟に休ませた。生飯のほかに、自分の果物やお菓子も持参して与えた。まわりを注意しながら、二人だけの逢瀬を重ねていたのである。当然、17歳の姫と18歳の青年の間に恋が芽生えた。

　ある日、あまりに暑いので、水浴びをしていた二人は寺の小僧たちに発見されてしまった。青年は裸のまま、寺に連れ戻された。僧侶が尋ねた。一緒にいた相手は誰か。昭は鯉魚です、と答えたが、小僧たちは納得しなかった。自分はともかく、姫まで巻き添えにはできない。

　その後、二人は別れたまま、昭は僧侶となり鯉魚庵を建て修行に励んだ。姫は幼少から教養と芸を身につけていたので、京都に戻り歌と舞の名手になった。

25

casbah（カスバ）アラビア語で「城」の意味。カスバの女（1955、エト邦枝）。ここは地の果てアルジェリア…

cédille（セディーユ、çの記号［s］）小さなceta（ギリシア語dzeta）の意味。Geoffroy Toryが1529年に考案。フランス語ça et là［サ・エ・ラ］「あちらこちらに」

Celtic and linguistics（ケルト語と言語学）

ケルト語は旧ヨーロッパ大陸に広く分布していたが、いまは西の片隅に、アイルランド、スコットランド、ウェールズ、フランスのブルターニュ地方に残るだけだ。

1. Bonnの語源は何ですか。1965年11月ボン大学言語学教授クノープロッホ先生（Prof.Dr.Johann Knobloch, 1919-2010）にお伺いしたところ、Siedlung（村）ですよ、とおっしゃった。先生は当時、進行中の『言語学辞典』（Carl Winter, Heidelberg, 1961-）の編者だったので、私は、それを頼って留学先にボン大学を選んだのだった。戦後、紙は貴重だった。先生はいつも広告の裏にある余白を利用して、言語学関係のメモをしていた。

大陸ケルト語であるガリア語bona（村、町）はVindo-bona（ウィーン、原義は白い町）に見られ、bonaは語根 *bu, *bove, *buje「居る」と同じ（W.Stokes & A. Bezzenberger『ケルト語彙』Göttingen 1894, reprint 1979, p.179）。人が「いる」の意味から「町」になった例は英国のDerby（鹿の町、derはdeer）、Rugby（岩の町）、Whitby（白い町）があり、byは普通名詞としてデンマーク語by「町」に残りlandby「田舎の町」は「村」の意味

に用いられる。ドイツ語Stadt（シュタット）は「町、都市」で、英語のtownとcityの両方にあたる。もとは「人がいるところ」で、語根*stā-、英語standは「立っているところ」から、station「車が止まるところ、停車場、駅」となり、Afghanistan, Pakistanなど国名の語尾になった。

2003年7月Prahaで開催された第17回国際言語学者会議に参加するためにBerlin発9：47、Praha着14：47のウィーン行き特急Vindobona号（VindobonaはWienのラテン語形）に乗った。これは「語と物」の問題にあたる。モンブランがお菓子の名であることを知っていることと、実物を食べること、に匹敵する。「語と物」は19世紀言語学が言語学と文化の関係を論じた。

2. 『アルプスの少女ハイジ』の舞台マイエンフェルトMaienfeldはガリア語maien（magos「野原」の集合名詞）のあとに、ドイツ語feld「野原」を添えた二言語併記名（bilingual name）である。

3. ガリア人名（Gaulish personal names）は、印欧語的に複合語（K.H.Schmidt『ガリア人名における複合語』Tübingen 1957）：Dēvo-gnāta-（デーヴォグナータ）「神より生まれた」、Dumno-rīx（ドゥムノリークス）「世界の王」。（Celtic Forum第17号、2014）

census（national国勢調査）1920年10月1日、日本の人口5,590万人。2010年1億2700万人から減少、2046年に1億人を切り、2100年4700万人（＝1907年の人口）になる。少子化（decreasing birth rate）対策は緊急の課題だ。急がねば、日本は老人大国になる。

Certain Woman, A（或る女、1919）有島武郎著。

　主人公の葉子（ようこ）は、妹の愛子、貞世（さだよ）とともに、美人三姉妹で、その住む家は美人屋敷と呼ばれていた。長姉の葉子は才色兼備で、「葉子はそのとき19だったが、既に幾人もの男に恋をし向けられて、その囲みを手際よく繰りぬけながら、自分の若い心を楽しませて行くタクトは十分に持っていた」（第2章）。このタクト（tact）の語源はラテン語tangere（触れる）の名詞形tactusだが、「わざ」（art, craft）の意味である。

　最初の恋愛結婚が2か月で破綻し、葉子は二番目の婚約者が待つアメリカに横浜から出航する。しかし、この汽船の中で葉子は運命の男に出会ってしまった。船の事務長の倉地である。彼女はその魅力に取りつかれ、婚約者を捨てて、日本に帰ってきた。この恋愛沙汰が新聞に載り、二人は非難を浴びた。しかし、いっそう、二人の恋は燃え上がった。倉地は会社を解雇され、葉子は自分を責めた。倉地は、生計をたてるために売国奴になった。だが、スパイ行為が漏れると、倉地は置手紙を残し、姿を消した。男に去られた葉子は、病気にかかり、入院した。手術を受けたが、病状は悪化した。葉子は病室で「痛い、痛い」と呻きながら、短い生涯を閉じた。

　葉子は近代的自我にめざめた女性で、イプセンの『人形の家』のノラのような、100年も時代を先取りした創造物である。有島武郎（1878-1923）は札幌農学校に学び、のち、アメリカで3年間の留学生活を送った。

Chamberlain, B.H. （日本事物誌）

チェンバレン（Basil Hall Chamberlain, 1850-1935）は英国人で、東京帝国大学で博言学および日本語学の講師であった（1886-1890）。『日本近世文語文典』『日本口語文典』の著書、古事記の英訳（Records of Ancient Matters）がある。『日本事物誌』Things Japanese（1905）は外国人のための日本小百科事典である。Please to let me know（お知らせください）のtoなど、いまなら不要な語法も見られる。次の項目参照：Adams, bathing, classes of society, English as she is Japped, Europeanisation, fairy-tales, newspapers, politeness, race, religion. 君が代（Kimigayo, p.95）の英訳もチェンバレンによる。

China（中国）政治局20人、幹部200人、政府職員・企業家1,925万人、共産党員8,200万人。人口増大を抑制するために、長い間、一人っ子政策を取った。中国の四大発明：1. 紙と筆、2. 印刷術（868年）、3. 火薬、4. 羅針盤。13世紀、元の時代にモンゴルを通してヨーロッパに伝わる。印刷術はグーテンベルクよりずっと早い。

classes of society（社会階級、士農工商）［Chamberlain, B.H.］武士（samurai、長が大名）、農民（peasantry）、職人（artisans）、商人（tradespeople）の順序であった。

cleaning（清掃）東京駅新幹線車両7分で清掃終了。2014年、7分間の奇跡（7-minute miracle）と題されて世界に報道された。毎日323本の弾丸列車が40万人を運ぶ。

Clever Young Lady, A（やられた）

　これはデンマーク人用の『大人のための英語』のテキストに載っている話である。

　ある雨の寒い日、オックスフォード行きのバスが学生で満員だった。そのとき、一人の若い美しい婦人がバスの入り口で、中にもう一人分の席はありませんか、と尋ねた。学生たちは喜んで叫んだ。席は十分にありますよと。それを聞いて、婦人がドアで料金を払うと、「よろしい」と運転手。すると婦人は外に向かって叫んだ。「おじいさん、いらっしゃい、お乗りなさい。そして紳士たちにお礼を言ってね。」

　ニヤリとして婦人は祖父をバスに乗せると、立ち去った。学生たちのニッコリは消えた。

　〔出典〕Ida Thagaard Jensen & Niels Haislund, Engelsk for voksne. 20版。Copenhagen, 1958.

　『大人のための英語』の著者の一人、Niels Haislund（ニルス・ハイスロン、1909-1969）はコペンハーゲン大学教授オットー・イェスペルセンの秘書を15年間つとめ、師の遺稿『英文法』第7巻（統辞論）を出版した（1949）。

Clinton クリントン一字加えてクリキントン（1994、津田塾大生）〔1991-2003年の間、津田塾大学の言語学概論の授業で学生たちが俳句を作り、その英訳をした〕

Ku-rin-ton, add-ing	5 syllables
one more letter, makes the word	7
the chest-nut sweet-ie.	5

C.O.D. （コンサイス・オックスフォード辞典）

The Concise Oxford Dictionary of Current English. Adapted by H.W.Fowler and F.G.Fowler from The Oxford Dictionary. Fourth edition revised by E.McIntosh. Oxford at the Clarendon Press, 1952. xvi, 1523pp.

　序文に辞書を作る人（dictionary-maker）は、あらゆる分野の知識を備えていなければならない、とある。全知（omniscience, ギpanepistêmē）が必要なのだ。

　この辞書は、私が1955年旺文社洋書部に勤めていたとき、廃棄処分所で見つけた。C.O.D.について中川芳太郎（1882-1939）は『英文学風物誌』（研究社1933；本書p.133）の緒言の中で「C.O.D.はここ20年あまり離れがたき好伴侶であった」と記している。これはC.O.D.に対する最良の賛辞（eulogy）と思われる。あの大きなオックスフォード英語辞典（1928、補遺1933）13巻を圧縮したのであるから、ファウラー兄弟の苦労は大変なものだったろう。

　この辞書で困るのは見出し語の配列である。たとえばunction（塗油、油薬、軟膏）が、なかなか出てこない。なんと、接頭辞un-[1], un-[2]が終わったあとuntainted, unused, unwak(en)edが続く。unctionはまだ出て来ない。una, unadopted, unanchor, unanimous…uncoverのあとに、やっとunctionが登場した。理想はわが国の英和辞典のようにアルファベット順を貫徹することだ。

31

この辞書で初めて学んだのはMiddle の項のMiddle Kingdom（＝China）だった。日本語でも「中国」だ。

　dictionary, glossary, secretary, vocabularyを並べると、glossaryとsecretaryから形容詞glossarial, secretarialを作ることができるが、dictionaryとvocabularyは、できない。C.O.D.にはdictionary, vocabularyは中世ラテン語dictionarium, vocabulariusからとある。

　巻末のAddendaにThe Dark Ages「暗黒時代」とか、いまではめずらしくないbaby-sitterなどが載っている。**coffee**（コーヒー）は江戸時代にオランダ語koffieから来た。フランス語caféは「コーヒー」と「喫茶店」の意味があり、日本語のカフェーは「喫茶店」の意味に用いられるが、最近はカフェーというよりも、「喫茶店」というほうが多い。

The crow and the dog（カラスとイヌの会話）
自由とご馳走のどちらがよいか、という問題である。

　①カラスがイヌ小屋の上にとまっている。おなかがペコペコで機嫌がわるい。「イヌさん、あなたは贅沢な生活をしていますね。それに暖かそうな小屋もある。ぼくは寒い中を飛びまわって、エサを探さねばならない。」

　②イヌが答える。「小鳥さん、ぼくのごはんを食べておくれ。ぼくのように食事と家があっても、あなたは嬉しくないと思うよ。ぼくは貧しくとも自由に走りまわりたい。鎖につながれてお皿のビフテキを食べるよりも。」

［出典］下宮『デンマーク語入門』近代文藝社2013、p.102

The Dancing Girl （舞姫、森鷗外、1890）

　太田豊太郎は医学研究のため、ベルリンへ留学することになった。豊太郎はそこでエリーゼ（Elise）という踊り子に会い、二人は交際を始めた。しかし仲間たちから中傷され、豊太郎は官費（収入源）を失った。彼の苦境を救ったのは友人の相沢謙吉だった。相沢は豊太郎のために、ある新聞社の通信員の職を紹介した。仕事を得た豊太郎はエリーゼとその母親と暮らすようになった。

　しかし、相沢は豊太郎とエリーゼの交際をよく思っていなかったので、エリーゼと別れるよう豊太郎に忠告した。豊太郎は友人の忠告を無視できず、エリーゼと別れることを友人に約束した。

　そんなとき、豊太郎に日本への帰国の話が舞い込んだ。だが、そのことをどうエリーゼに切り出したらよいか分からず、豊太郎は悩んで、病に倒れてしまった。

　数週間後、豊太郎は意識を取り戻したが、エリーゼのほうが精神を壊してしまった。豊太郎が寝込んでいる間に、相沢がエリーゼに、豊太郎が彼女と別れて日本に帰国するということを告げてしまっていたのだった。豊太郎にとって相沢は無二の友であるにはちがいないが、一方、彼への反感も残っていたのだ。

　森鷗外（1862-1922）は島根県津和野（小京都と呼ばれる）の出身。1881年東京帝国大学医学部を最年少で卒業し軍医として陸軍に所属。1884-1888年ベルリン、ライプツィヒ、ドレスデン、ミュンヘンに医学を学んだ。

33

daughter（娘）島崎藤村作『伸び支度』

　私はお人形遊びが好きだった。女の子だから不思議で
はない。お父さんが丸善で買ってくれたドイツのお人形
は、起こすと目がパッチリ開いて、寝せると目が閉じ
る、とてもかわいらしいものだった。その後、近所のミ
ッコさんが遊びにくるようになった。ミッコさんとドイ
ツのお人形と私と三人でおままごとをした。しばらくす
ると別の赤ちゃん、金之助さんが遊びに来るようになっ
た。まだ数え年で2歳にならない赤ちゃんは、私のこと
をちゃーちゃんと呼んだ。母は私を生むと、間もなく亡
くなってしまったので、お手伝いのお初が、母がわりを
していた。このお初のことも、ちゃーちゃんと呼んでい
た。金之助さんは、親しい人は、みなちゃーちゃんだ。
私には兄が二人いるが彼らをちゃーちゃんとは呼ばない。

　そんな私も高等小学校に進学する年齢になって、お人
形遊びも近所の赤ちゃん遊びも卒業してしまった。ある
日、布団のシーツを汚してしまった。私は驚いて、お手
伝いのお初を呼んだ。ごめんなさいね、袖子（そでこ）
さん、というのが私の名前なのだが、もっと早くお話す
ればよかったのに。今日は学校に行かないで、ゆっくり
休んでいらっしゃい、これは病気ではないのよ、だれに
もあることなのよ、と言った。そして、父に早速、報告
した。昼に帰宅した兄たちは、頭が痛いぐらいで学校を
休むなんてずるいぞ、と言った。一週間もすると、私は
元気になった。

Dead Souls（死せる魂、ロシア語Mёrtvye duši、1841）
ロシアの作家ニコライ・ゴーゴリ（1809-1852）の小説。
中年の紳士が宿屋に馬車で乗りつけた。そして宿帳に「6
等官パーヴェル・イワノーヴィチ・チーチコフ、地主、
私用旅行」と記した。彼は何百人もの農奴をもっている
地主たちを訪問し、死んだ農奴の名前を集めていた。そ
の名前を抵当に一人につき200ルーブリの借金をするこ
とができることを知ったからである。ゴーゴリはこの作
品をイタリアのローマで書き始め、ダンテの『神曲』の
ように三部作にし、第一部をロシアの悪、第二部を主人
公の贖罪、第三部を人類救済とする計画だったが、第一
部が完成しただけで第二部は原稿を火の中で焼却した。

dementia（認知症）日本に300万人。英語のde-mentia
は心（ment-, cf.mental）がそとへ（de-, cf.depart 出発す
る）去ることだが、日本語の「認知症」という言い方に
は認知できないという否定の意味が含まれていない。薬
の副作用というが、悪作用といったほうがよい。英語の
bad effects（わるい効果）のほうが正直な表現だ。

dictionary（辞書）この終わりなき書物（三宅徳嘉、学
習院大学2007）。電子辞書のほうが、ずっと早い。

　Jacob Grimm によると、古代ギリシア人やローマ人は
辞書の概念を知らず、lexicon や dictionarium はのちに作
られた。ドイツ語 Wörterbuch よりも 1719年の低地ドイ
ツ語 woordenboek のほうが早い。そこから北欧諸言語
に翻訳された（J. グリム 『ドイツ語辞典』 1854, p.ix）。

drawing（絵画）『画の悲しみ』国木田独歩作。

　小学校時代、おれは絵が好きで、得意だった。それに、数学も得意だった。一年上に志村という生徒がいた。志村は絵も数学も、ほかの科目も、優秀だった。その上、温和な性格だった。だから校長も先生も生徒も、みな志村派だった。おれは競争心を燃やした。作品発表会のために、おれは馬の顔を描いた。志村はエジソンの顔を描いた。志村のチョーク画とおれの鉛筆画という材料よりも、画材の違いだ。これでは、おれに勝ち目はない。先生も生徒もさらに志村派に傾いて行った。

　おれはチョークを買って、河原に出た。すると、志村が写生をしているではないか。「何を描いているんだ」と問うと、志村は「川向こうの水車を描いているんだよ。馬は生きているみたいで、よかったね」と言って、ほほえんだ。このときから競争心は消えて、おれは志村を尊敬するようになった。

　中学校に進学すると、二人は一層、親しくなった。中学校は遠かったので、下宿した。学期末には7里の道を一緒に写生をしながら、歩いて帰った。中学を卒業してから、おれは東京へ出た。それからは絵を描く機会もなく、たまに絵画展に出かけて、絵心を満足させていた。

　音信が途絶えていたが、20歳になったとき、ひさしぶりに故郷へ帰って、志村のことを人に尋ねると、驚くなかれ志村は17歳のときに、病死したとのことだった。

　国木田独歩（1871-1908）詩人、小説家。

dried vegetables（乾燥野菜）規格外（non-standard）として捨てられていたキュウリ、トマト、エンドウマメを乾燥させると風味は同じで、お菓子などに利用される。

drop of love 恋のしずく（作詞：安井かずみ、作曲：平尾昌晃、唄：伊東ゆかり、1968）「肩をぬらす恋のしずく、濡れたままでいいの、このまま歩きたい、きっとからだの中までしみるわ…」

earth （地球）75億人が日本人なみに生活するには地球が3.9個必要だそうだ。日本人は39人のうちの10人以内の生活をしていることになる。食料の無駄をなくしましょう。earth を「地球」と訳したのはイタリアの宣教師マテオ・リッチであった。1610年北京で没した。

easy money（金融緩和）ド Finanzlockerung, フ adoucement financier. その反対は tight money 金融引き締め。英語は平易な単語なのに、日本語はやたらに難しい。難しいのは漢語（Sino-Japanese）である。「新聞」は漢語だが和語で言ったら、「新しく聞いたこと」と長くなるし「学校」も「学ぶところ」としなければならない。漢語は英語の中のラテン語やギリシア語のようなものだ。

Echo（エコー）日本語の「こだま」（木霊）は木の精霊の意味（tree-spirit）。ギリシア神話のエコーは美しいニンフで、ナルキッソスに恋していたが、彼がこたえてくれなかったので、やつれはて、声だけが残った。ドイツ語もフランス語もロシア語もエコーだが、アイスランド語では「山のことば」（bergmál ベルクマウル）という。

Edda（エッダ）は北欧神話の原本とされ、神話と英雄伝説からなる。ゲルマン神話はJacob Grimmの『ドイツ神話学』2巻（1835、のち補巻を入れて3巻）にまとめられた。主要部分はキリスト教以前の北欧神話である。

『詩のエッダ』（Poetic Edda）または『セームンドのエッダ』と呼ばれる。パリのソルボンヌに学んだ最初のアイスランド人セームンドが編者とされ、「賢者」と呼ばれる。英語Saemund the Wise、ラテン語Saemundus multiscius、アイスランド語Sæmundur inn fróðiである。首都Reykjarvíkにあるアイスランド大学への道はSæmundargata（サイムンドゥル通り）と呼ばれる。

原語からの『エッダ』の日本語訳は松谷健二訳（筑摩書房、1966）と谷口幸男訳（新潮社、1973）がある。

エッダの最良のテキストはHans Kuhn（1962）のものであるが、手元にKarl Hildebrand（1846-1875）のエッダ刊本があるので紹介する。これは1985年アムステルダムのBrinkmanのカタログで入手した（26ギルダー、2,600円）。Die Lieder der Älteren Edda（Sæmundar Edda）. Herausgegeben von Karl Hildebrand. Pader-born, Verlag von F.Schöningh 1876. xiv, 323 pp.

著者は完成を見ずに、重病ののち1875年4月17日、28歳の若さで亡くなった。Theodor Möbius（1821-1890、1859年Leipzig大学ノルド語・ノルド文学教授）が校正済みの部分と未校正の部分を終了して出版した。続きは古エッダの批判的刊本、文法、辞書となるはずだった。

Eliseev, Serge（エリセーエフ、1889-1975）

　セルゲイ・エリセーエフ（Sergej Eliseev）はメイエ・コーアン編、泉井久之助編訳『世界の言語』（朝日新聞社1954）の中の「日本語」「朝鮮語」「アイヌ語」「極北諸語」の執筆者であるが、長い間、未知の人として、私の記憶に留まっていた。1994年8月24日、アエロフロートでモスクワ経由ドイツに向かう途中、機内の雑誌に倉田保雄氏のエリセーエフの一文を読んで疑問が解けた。

　セルゲイ・エリセーエフはロシアの首都サンクト・ペテルブルクにエリセーエフ兄弟商会の次男として生まれた。当時ロシアの上流階級はフランス語を早くから学習したので、エリセーエフはフランス語もロシア語も同じくらいにできた。後年、永井荷風の『牡丹の客』を翻訳し出版した（パリ、1927；谷崎潤一郎らの短編も含む）。

　フランス語と並んで、6歳のときからスイス人の家庭教師についてドイツ語を学習し、10歳のとき、ドイツ系のラリンスキー・ギムナジウムで学んだ。ギムナジウムはギリシア語・ラテン語の教育を重視するので、英語ではグラマースクール（文法学校）と呼ばれる。1904-05年の日露戦争により、極東への関心を抱き1907年ベルリン大学へ留学、その東洋語学院（Seminar für orientalische Sprachen、グルジア語やアルメニア語関係の本も出版している）で日本語、中国語を学んだ。ここで留学中の新村出、桑木厳翼らを知り、東京帝国大学への留学を決意した。新村は東京帝国大学教授上田萬年（1867-

39

1937）にあてたエリセーエフの紹介状を書いた。1908年東京帝国大学文学科に入学し、上田萬年、芳賀矢一、藤岡勝二、フォン・ケーベルの講義を受けた。上田教授からチェンバレンの『古事記』の英訳や『日本事物誌』（本書p.29）を紹介された。留学中は家賃月40円の立派な屋敷に住んだ（夏目漱石の家賃は35円だった）。

　小宮豊隆から夏目漱石を紹介され、漱石の木曜会に参加し、日本の知識人の多くを知った。小宮とは生涯親交を結んだ。1912年、卒論「芭蕉研究の一片」を完成し、大学院に進学した。1914年大学院修了、ペトログラード大学で博士号をとるために帰国。1916年ペトログラード大学の日本語講師となり、漱石の『門』を教科書に使った。しかし1917年の革命で全財産を没収された。1918-19年の冬は暖房も食事も十分にとれず、地獄のような日々が続いた。1920年妻と幼児二人とともにヘルシンキに脱出した。密航料に一人50万ルーブル、家族4人で200万ルーブルも支払わねばならなかった。半分はルーブルで、残りは宝石や日本から持ち帰った骨董品を売って支払った。1932年パリ高等学院教授を経て1934年ハーバード大学教授・東洋語研究所所長となり、ライシャワーなど優秀な弟子を育てた。1945年3月、東京大空襲の際「宝庫」たる神田の古本街が爆撃を免れたのはエリセーエフがマッカーサーに提言したからとか。

　倉田保雄著『エリセーエフの生涯－日本学の始祖』中公新書1977。著者（1924-2011）は共同通信パリ支局長。

［付］メイエ・コーアン監修『世界の言語』泉井久之助編訳、朝日出版社1954の中の「日本語」の中に漱石の『三四郎』からの用例があり、語順は主語、補語、動詞の順である。ローマ字、日本語、フランス語を記す。

1.　Gakunen wa kugatsu žūitši nitši ni hažimatta.
　　学　年　は　九　月　十一　日　に　始まつた。
　　L'année scolaire septembre onze a commencé.

2.　Sanširō ga žitto šite ike no omo wo mitsumete i r u to
　　三四郎　が　凝として　池　の　面　を　見詰めて　ゐると
　　Sanširō immobile étang surface fixant（du regard）était

3.　ōkina ki ga ikuhon to naku mizu no soko ni utsutte
　　大きな木　が　幾本　となく　水　の　底　に　映つて
　　lorsque des grands arbres beaucoup（sans quantité
　　de troncs）l'eau fond dans se reflétant（dans）ce de
　　nouveau

4.　sono mata soko ni a o i sora ga mieru.
　　其の　又　底　に　青い　空　が　見える。
　　dans le fond bleu ciel était visible.

　　フランス語原本Les langues du monde, par un groupe de linguistes sous la direction de A.Meillet et Marcel Cohen. Paris, Librairie Ancienne Édouard Champion, 1924（xvi, 811pp.）を筆者は2004年ベルリンのAntiquariat Bürckから109ユーロ（14,700円）で入手した。「日本語」の日本語訳は小田良弼による。

English as she is Japped（日本流英語）

　〔Chamberlain, B.H.〕English "as she is spoke and wrote" in Japan. とある。英語をsheで受けているのが面白い。文法書には国や船はsheで受けるとあるが。spoke を過去分詞に見立てるのはspokesmanの例があるが、wrote もそうなのか。Japの動詞の用法はOEDにも出ていないが、Japanize（日本ふうにやる）の意味だと思われる。日本に上陸すると、店の看板や広告にミスプリントや間違った語法が随所に見られるとあり、その中から二三例を掲げる。（　）内が正しい。

1.　HEAD CUTTER「断頭人」（Hair cutter「理髪店」）

2.　WRITING FOR ANOTHER「代書屋」のつもり。

3.　FOGREN COUNTY WINES LITTLE SEAL「外国ワインのラベル」（Foreign country wines small label）

4. FUJI BEER　The flovour is so sweet and simple that not injure for much drink.「味は甘くて素朴なので、たくさん飲んでも害になりません」（The flavour is so sweet and simple that drinking much is not injurious.）

environment friendly countries（環境にやさしい国、2010）1.　スイス。10.　フランス。11.　アイスランド。12.　カナダ。13.　ドイツ。14.　イギリス。21.　日本。24.　イタリー。28.　ロシア。35.　ブラジル。39.　アメリカ。105.　中国。スイスは重工業がなく、緑が多いため。フランスは原子力発電が多いためにおちる。

Esarhaddon（エサルハッドン）アッシリアの王Esar-haddon は敵のライリー（Lailie）王国を滅ぼし、国王ライリーを捕えた。エサルハッドンは夜、ライリーの処刑方法を考えていた。夢の中に老人が現れて王に尋ねた。「お前はライリーを処刑したいと思っているのか。」「さよう。だが、その方法を考えあぐねている。」「お前は彼の命を奪うことはできない」と老人が言った。夢の中でエサルハッドンは敵の王ライリーになっていた。そしてライリーの難儀を知った。老人が言った。「お前が奪ったと思っているものは、実は、失ったものだ。お前が楽しんでいることは、実は、お前が苦しんでいることなのだ」と言って老人は姿を消した。翌日、エサルハッドンはライリーを許し、自分の王国を息子のアッシュルバニパル（Assurbanipal）に譲り渡した。そして、自分は町や村を歩き、「他人に害を及ぼす者は自分に悪をなしているのだ」と説いてまわった。（トルストイ）

EU（European Union ヨーロッパ連合）フランス外務大臣ロベール・シューマンが5月9日をEurope Day に。

Europeanisation（日本のヨーロッパ化）[Chamberlain, B.H.] は明治維新（1868）に始まったと考えられているが、欧化は三幕のドラマで演じられた。第一幕は1543年のスペイン・ポルトガルの開幕に始まり宗教弾圧で終わる。第二幕は長崎の出島に始まる。役者はオランダ人である。第三幕は1853年Perryの提督が開港を迫ったことから始まる。しかしロシアと英国の準備段階あり。

Europe Phrase Book（ヨーロッパ語会話書）

1. ヨーロッパの14言語の会話書である。Europe Phrase Book（Lonely Planet Publications, Victoria, Australia, 3 rd ed. 2001）559頁。表紙にDon't just stand there, say something!（突っ立っていないで何かしゃべってごらん）と書いてある。14言語はバスク、カタラン、オランダ、フランス、ドイツ、ギリシア、アイルランド、イタリア、マルタ、ポルトガル、スコットランド・ゲール、スペイン、トルコ、ウェールズである。

巻頭にEurope Day（ヨーロッパデー）が5月9日であること。1950年5月9日、EU（European Union, ヨーロッパ連合）の創始者と見なされるフランス外務大臣ロベール・シューマンRobert Schumanが制定した、とある。EU共通の通貨ユーロEuroは2002年1月1日から開始したが、その記号€はギリシア文字エプシロン（ε）に横棒2本を加えたもので、通貨の安定を示すためである。ギリシアはヨーロッパ文明の発祥の地であるから。

1. Basque（バスク語）。言語人口は80万。系統不明の言語である。バスク地方（Basque Country, Euskalherria）はラテン名Vasconia, バスク名Euskalherriaで、スペイン4州、フランス3州からなる。政治的にはバスク自治共同体（Basque Autonomous Community, BAC）、ナバラ州（Navarre）、Iparralde（フランス領バスク州）の三つからなる。BACとNavarreではバスク語がスペイン語と並んで公用語として認められる。

Egun on（よい日を）「こんにちは」＝エグノン。形容詞が名詞のあとにくる。egun 日；on よい。「おやすみなさい」＝ガボン（Gabon、よい夜を）＜gau 夜。「ありがとう」＝エシュケルリク・アシュコ（Eskerrik asko）は「たくさんの感謝」の意味。esker「感謝」

私は1974年10月から1975年2月まで、サラマンカ大学のミチェレナ先生 Prof.Dr.Luis Michelena（1915-1987）のもとでバスク語を学んだ。先生のお宅を訪ねたとき、ドアの入り口に Ongi etorri!（オンギ・エトルリ）とあった。ongi は「よく」、etorri「いらっしゃいました」は過去分詞で、スペイン語 bienvenido（bien 'well', venido 'come', pp.）と同じ表現である。

2. Catalan（カタラン語）言語人口は1,000万。この地域からは画家ダリや建築家ガウディが出ている。カタラン語 Good night＝bona nit を見ると、ラ nox、イ notte、ス noche にくらべて、「夜」nit は iotacism（i傾向）が見える。i傾向は現代ギリシア語やウクライナ語も同じ。

3. Irish（アイルランド語）の人口はアイルランド内の100万と北アイルランド内の14万。1922年独立以後、アイルランド語は初等教育と中等教育で必修科目。

4. ウェールズ（Wales、言語人口50万）のウェールズ語は Cymru [ˈkəmri] で、州名 Cumbria と同様、原義は「同郷人」である（*kom-brogī）。Cymru「ウェールズ」の語源は*kom-brogos「国境地方」で、brogos「国」の語根*merg-「国」は Denmark に見られる。

45

European Phrase Book（ヨーロッパ14言語会話書）書名が、一つ前の本とよく似ているが、表紙にEyewitness Travel Guides（現場で体験するトラベルガイド）とあり、14言語の発音、食品、数、時、ショッピング、日常表現、買い物、旅行者必携とある。出版社はDorling Kindersley, London, 2001, reprinted 2003. 396頁。扱われている14言語はチェコ、デンマーク、オランダ、フィンランド、フランス、ドイツ、ギリシア、ハンガリー、イタリア、ノルウェー、ポーランド、スペイン、スウェーデン。

1. Finnish（フィンランド語）は隣国スウェーデンと異なり、ウラル語族の言語で、480万人に用いられる。民族叙事詩Kalevala（カレワラ）は英雄Kaleva（カレワ）の国（Pohjo-la北国）の意味で、フィンランド建国の歴史が全50章、2万2千行に歌われている。Elias Lönnrot編（1849）をもとに森本覚丹訳（岩波文庫3巻、1939、講談社学術文庫2巻、1992）、小泉保訳（岩波文庫2巻、1976）がある。

フィンランド語の特徴は冠詞がない（a book, the book = kirjaキルヤ）；所有形容詞が接尾する（kirjani 'my book', kirjasi 'your book', kirjansa 'his, her book', kirjamme 'our book'）；格語尾が15もある；否定動詞（I do not, he does not）のnotにあたる動詞が人称変化する。I don't comeをen tule 'I-not come' という。he doesn't comeをei tule 'he-nots (she-nots) come' という。

2. Greek（現代ギリシア語）。ラテン語は話し言葉としては用いられないが、アレクサンダー大王（紀元前4世紀）時代以後、ギリシア語は西欧文明発祥の言語として、今日にいたるまで用いられている。ラテン語は西暦紀元前後地球全人口の25％にあたる4,000万人の言語であり、これに続くギリシア語は3,000万人の言語であった、とアメリカの言語学者デーチ（Gyula Décsy）が述べる。

　レストランのボーイがお客に「何人？」pósa átoma?（ポサ・アトマ how many persons?）と尋ねるときのátomaは「分けられないもの、原子」から「個人」の意味になった。átomaはátomoの複数。atomicの語源。

fairy-tales（おとぎ話）[Chamberlain, B.H.] は豊富。多くは中国起源だが、インド起源（仏教）もある。有名なのは浦島太郎、桃太郎、猿蟹合戦、舌切り雀、ネズミの嫁入り、花咲爺、カチカチ山、文福茶釜。英語はUrashima Taro, Peach Taro, The Battle of the Monkey and the Crab, The Tongue-Cut Sparrow, The Mouse's Wedding, The Old Man who made the Trees to Blossom, The Crackling Mountain, The Lucky Tea-Kettle.

Faithful Dog Hachi（忠犬ハチ公）雨の日も風の日も、渋谷駅で帰らぬ主人を待ち続けた忠犬ハチ公は1935年11歳で死んだ。日本中の感動を呼んだ永遠のアイドル。

faux amis（フランス語、フォーザミ「偽りの友」false friends）よく似ているが、意味が異なる単語。日本語の「妻」＝中国語「妻子；愛人」。日本語の「妻子」＝

47

中国語「妻子儿女（チーヅ エル ニュイ）」。日本語の「愛人」＝中国語「情人（チンレン）」。日本語の「品物」＝中国語「物品：東西（ウピン ドンシー）（東にも西にもあることから）」。日本語の「文法」＝中国語「語法（ユファ）」。日本語の「壺」＝中国語「罐（グワン）」。英語high school は「高等学校」だが、ドイツ語Hochschule（ホーホシューレ）は「大学、単科大学」、英語 gymnasium は「体育館」だが、ドイツ語Gymnasium（ギュムナージウム）は「高等学校、文法学校」。語源のギリシア語は gymnós「裸の」、gymnásion「体育館」であったが、その後、肉体のみならず頭脳の鍛錬にも用いられ、学校の意味に用いられるようになった。

firth（入江）。1998年8月30日（日）St.Andrews 大学でのヨーロッパ言語学会の帰りエディンバラ駅に近づいたとき、あれが firth だ、とキエフ大学のイサベラ・ブニャートワ Dr.Isabella Bunyatova が叫んだ。彼女は古代中世の英語関係の図書をコピーするためにキエフ・モスクワ間を汽車で13時間もかけて何度も往復したそうだ。東欧圏の学者は英語の話し方も内容も抜群だった。

flower viewing（花見）というと、日本人は「サクラ見物」だ。花見に行くは go to see cherry blossoms だし、花見酒は sake drunk under the cherry blossoms である。出かけなくても、わが家の庭にあるハッピーな人もいる。花の英語は flower と blossom がある。flower はフランス語 fleur からきた。ザ・ピーナッツがプティト・フルール（可愛い花、1959）と歌っていた。blossom は本来の英語である。

food shortage（食糧難、1946-47年ごろ）日本人のお米の配給は1日1合だった。この法律を厳守して餓死した裁判官がいた。まだ30歳前だった。妻子がいたはずである。私の父は終戦とともに職を失い、両親と、私の妹、弟の一家5人は、食べるのが大変だった。私は当時新制中学1年で、食料の配給は1か月のうち10日分はお米、10日分はグリーンピース、10日分はお砂糖だった。グリーンピースはアメリカではブタの食料だが、過剰生産のため、日本政府が安く買い上げたものだった。これはとてもおいしいご馳走だった。私はお砂糖を吉祥寺のお菓子屋さんに持参して、買ってもらい、その代金でパンを買って、家に持ち帰った。当時住んでいたのは、小田急線の新原町田駅（いまの町田駅）からバスで15分の木曽（きそ）という村の親戚の家だったので、往復の交通費を入れると割損だと思うが、電車賃が安かったらしい。ある日、警察の手入れがあったので、お砂糖を買ってもらえなかった。お米や、パンや、おいもなど、おなかのふくれるものが一級食品だった。魚や野菜は二級食品だった。

その後、日本人全体の食生活が飛躍的に向上したが、ここ数年に餓死したというニュースが何度かあった。

fool saint 痴聖人。1. マザーテレサ。2. トイレ掃除の鍵山秀三郎。新宿駅西口の公衆トイレを毎週土曜日深夜に清掃した。全国からボランティアが参集した。会社のトイレを見れば、その会社の業績が分かる。トイレが清潔になると、心もきれいになる。

Fox Gon （ごんぎつね）新美南吉の童話。

　ごんぎつねは一人ぽっちでした。畑のイモは食い散らすし、兵十がお母さんのためにせっかくとったウナギは食べちゃうし、とんでもない、いたずらばかりしていました。

　ある日、お葬式がありました。兵十のお母さんが、亡くなったのです。そうか、兵十はおかあさんに食べさせるためにウナギをとっていたのだ、わるいことをしたな、とごんぎつねは後悔しました。なんとかして、つぐないをしなければ、と考えました。そこで、イワシ売りのおじさんからイワシを盗んで、兵十の家に置いたのです。

　まさか、そんなことは知りませんから、イワシを盗んだのは、兵十、お前だな、とイワシ売りから、さんざんおこられました。しかし、盗んだのは、ごんぎつねだったのです。その後も、クリやマツタケも届けました。誰だろう、と思いながらが、おいしく、いただきました。

　ある日、ごんぎつねが、部屋にやってきました。そんなことは知りませんから、お前だな、さんざん、わるさをしやがって、と火縄銃でごんぎつねを撃ち殺してしまいました。ところが、ごんぎつねは、今日も、おみやげを持ってきたところだったのです。

　そうか、お前だったのか。ごめんね、誤解して。お前は小さい時から、ひとりぼっちだったんだよね。ぼくはつい最近まで、お母さんと一緒だったけれど。兵十は、ていねいにごんぎつねを葬ってやりました。

Freezing Point（氷点）三浦綾子の小説（1963）

　旭川の辻口病院の院長夫妻には息子の徹と娘の陽子が
いる。陽子は赤ん坊のときから事情があって、辻口夫妻
に育てられた。最初、育ての母・夏江は陽子にいじわる
をした。陽子が中学卒業のとき答辞を読むことになって
いたのに、原稿を白紙にすりかえて、恥をかかせた。徹
は陽子を異性として見るようになった。彼女は17歳のと
き、生みの母に捨てられたことを知って服毒自殺を図っ
たが、四日三晩こん睡状態のあと助かった。遺書に「わ
たくしの一番お慕いしている人、おにいさん、死んでご
めんなさい」とあった。辻口徹の友人北原も真剣に陽子
を愛していた。辻口と北原は言った。「宣戦布告だが、
漱石の『こころ』にならないようにしよう。」

　陽子は北海道大学に入学した。ある日、北原は陽子を
助けようとして右足を失った。陽子は責任を感じ北原と
の結婚を決意するが、北原は、ぼくのことはよいから徹
のところにお帰りと言った。徹は陽子と結婚できなけれ
ば、アメリカかドイツに留学するつもりだ。

　朝日新聞懸賞応募作品731点からの当選作品（賞金
1,000万円、うち税金450万円）。三浦綾子（1922-1999）
は脊椎カリエスと結核で7年間闘病したが、キリスト教
を通して、結核だった旭川営林省総務課勤務の三浦光世
（1924-）と知り合い1959年に結婚した。のちに、層雲
峡へ新婚旅行に行けるまで回復し、外国へも取材旅行を
した。夫はその後、旭川の三浦綾子文学記念館館長。

Frying pan（ふらいぱんじいさん）神沢利子の童話。

　フライパンは家族のために卵焼きや野菜炒めを作り、テンプラも作った。活躍しない日はないほど、いそがしかった。朝も、昼も、晩も、そして、おやつのときも。それでも、フライパンは、すこしもいやな顔をしなかった。だが、ある日、あら、まっくろになっちゃったわ、と奥さんが新しいのを買ってきた。それで、いままでのフライパンはフライパンじいさんとなって、流しの下に放り込まれてしまった。

　夜、ごきぶりが出て来て、なぐさめた。「じいさん、元気を出しなよ。世間は広いんだ。旅に出たらどうだい。」そこで、フライパンじいさんは旅に出た。外の世界は、なんて明るいんだろう。森の中にはいると、ヒョウが出て来た。こりゃ何だ。フライパンの中をのぞいて見ると顔がまっくろになってしまった。ヒョウの奥さんも出て来て、同じように中をのぞいたら、その顔もまっくろになってしまった。それから、いろいろな動物が出て来て大騒ぎになった。それから空を飛んで外国にも行った。

　神沢利子（1924-）は幼時から樺太（サハリン）の炭鉱町に育った。6人兄弟。13歳のとき東京に引越し、文化学院文学部に学んだ。20歳で結婚、夫は中国に出征したが、22歳のときに復員。娘2人あり。『少女の友』『母の友』などに詩や作文を投稿。NHKうたのおばさんになり、定収入を得た。『ちびっこカムのぼうけん』のカムはカムチャトカのカムからきている。300あまりの童話を執筆。

Gate, The（門）夏目漱石の小説（1910）

　野中宗助は、妻の御米と東京で暮らしていた。二人は仲のよい夫婦だった。御米は、昔、宗助の親友であった安井の妻だった。宗助は学生時代に御米と恋に落ちた。そして安井を裏切り、御米と結婚した。

　ある日、宗助は家主の坂井から「満州にいる弟が友人を連れて東京に来る」という話を聞いた。

　この友人が、御米と別れたあと、満州へ渡った安井だった。思いがけなく、安井の名前を聞いて、彼が近くへ来ることを知って、宗助は驚き、そして悩んだ。

　宗助は、そのことを御米には言わず、鎌倉の禅寺へ出かけた。禅寺で数日、座禅を組んだり、僧たちの話を聞いたりして過ごした。だが、悟りの境地には至らなかった（did not attain enlightenment）。宗助が東京へ帰ると、安井と、家主の弟坂井はすでに満州へ戻っていた。宗助と御米は、いままでのひっそりした生活に戻った。

　セルゲイ・エリセーエフ（Sergej Eliseev, p.39）は東京帝国大学で日本語と日本文学を学んだあと、故郷のサンクト・ペテルブルクに帰り、その大学の日本語講座で漱石の『門』の講読をしていると、漱石に手紙を書いている。1921年に革命のため家族とともにパリに逃れた。

ghibli［ギブリ］アラビア語で熱風。スタジオ・ジブリならgibliと綴らねばならない。イタリア語の発音：gi ジ、ge ジェ：ci チ、ce チェ：ga ガ ghi ギ gu グ ghe ゲ go ゴ：ca カ chi キ cu ク che ケ co コ

53

Gingko（イチョウ、銀杏）

　ゲーテの『西東詩集』（West-östlicher Divan, 1819）の中の「ズライカの書」（Buch Suleika）はズライカとハテムの間に交わされる詩の応答である。ハテムもズライカもアラビア語圏の男女の名で、ハテムはゲーテを、ズライカ（誘惑者の意味）はマリアンネ・フォン・ヴィレマー（1784-1860）をさす。ゲーテは1814年と1815年にフランクフルトの銀行頭取フォン・ヴィレマー夫妻に招待された。ゲーテが愛の詩を贈ると、マリアンネも才気あふれる詩で答えた。小牧健夫訳（岩波文庫）は日本語が難解なので、訳しなおした。

Suleika：Als ich auf dem Euphrat schiffte,

　　　　　Streifte sich der goldne Ring

　　　　　Fingerab in Wasserklüfte,

　　　　　Den ich jüngst von dir empfing.

　　　　　Also träumt ich. Morgenröte

　　　　　Blitzt' ins Auge durch den Baum.

　　　　　Sag, Poete, sag, Prophete!

　　　　　Was bedeutet dieser Traum?

ズライカ：私がエウフラテス川を渡っているとき、

　　　　　金の指輪が指から落ちて

　　　　　浪間に消えました。

　　　　　それはあなたから先日戴いたものです。

　　　　　私はそのような夢を見ました。朝の光が

　　　　　木の間から洩れて私の目を射しました。

　　　　　教えてください。詩人よ、予言者よ。
　　　　　この夢は何を意味するのでしょうか。

Hatem：Dies zu deuten bin ich erbötig!

　　　　Hab ich dir nicht oft erzählt,

　　　　Wie der Doge von Venedig

　　　　Mit dem Meere sich vermählt?

　　　　So von deinen Fingergliedern

　　　　Fiel der Ring dem Euphrat zu.

　　　　Ach, zu tausend Himmelsliedern,

　　　　Süsser Traum, begeisterst du!

　　　　Mich, der von den Indostanen［-stan は「国」］

　　　　Streifte bis Damaskus hin,

　　　　Um mit neuen Karawanen

　　　　Bis ans Rote Meer zu ziehn,

　　　　Mich vermählst du deinem Flüsse,

　　　　Der Terrasse, diesem Hain;

　　　　Hier soll bis zum letzten Kusse

　　　　Dir mein Geist gewidmet sein.

ハテム：私は喜んでその夢を解きましょう。

　　　　あなたに何度かお話したでしょう。

　　　　ヴェネチアの総督が

　　　　海と結婚するときのことですよ。

　　　　そのときのように、あなたの指から

　　　　指輪がエウフラテス川の波間に落ちたのです。

　　　　ああ、甘い夢よ、あなたは感動して

たくさんの、天までとどく詩を作ったのですね。

私はインドの国から

ダマスクスまでさすらい、

新しい隊商の群れに加わって

紅海まで行きました。

あなたは川と、私と結婚するためです。

このテラス（段丘）と結婚するのです。

ここで、最後の接吻まで

私の心をあなたに捧げましょう。

The Girl who does not know mother's breast（乳房を知らぬ娘）吉屋信子作（『暁の聖歌』1937 挿絵：中原淳一）横山ちえ子は北海道の牧場に祖母と叔父に育てられた。ちえ子は母親の乳房を知らなかった。両親は札幌で働いていたからだ。ある日、牝牛の乳房を口にあてがってお乳を飲んでいると、叔父に怒られた。殺菌していないからだめなんだよ、と。13歳になって札幌の高等女学校に通うとこになって、ちえ子は札幌の両親と一緒に暮らせるようになったが、ちっとも嬉しくなかった。父は祖母が私のために送ったお金を横取りして、事業につぎ込んでいたのだが、結局、失敗して、樺太に渡ってしまった。女学校の寄宿舎に入ることができてからは楽しい学生生活を送ることができた。私が風邪で入院しているとき、東京から叔母さんが見舞いにきてくれて、これが本当のお母さんであることを知った。吉屋信子（1896-1973）は少女時代からキリスト教会に通っていた。

glottal stop（声門閉鎖；ド Kehlkopfverschluss、フ coup de glotte、デンマーク語 stød、記号?）デンマーク語 mand [manʔ]「男、夫」を発音するとき、[man マン]のあとで声門を閉じる。閉じないと man [man]「人は」の意味になる。後置定冠詞をつけて mand-en [manʔən] 'the man' を発音するときもマンのあと、声門を閉じる。声門閉鎖は音素（phoneme）となる。デンマーク語 hun [hun]「彼女は」、hund [hunʔ]「イヌ」。アラビア語 hamza に当たる。

go-between 掛け橋。旧満州の朝鮮族は日中韓の掛け橋。

gohan ごはん。泣いたあと、いつもほかほかの白いごはんを、そっとそっと、たべるのです。おかずはたくあんひときれ、ただそれだけで、なんとなく、しあわせな気持ちになるのです。作詞：高田ひろお、作曲：網倉一也、編曲：宮崎慎二、歌：あさみ・ちゆき。深夜便の歌2011年11月・12月。仕事にも恋にも破れた娘が、故郷の母を思い出し、泣きながら白いごはんとたくあんを食べる。

Goodbye（グッドバイ）は God be with you「神様があなたとともにありますように」より。good night の類推で God が good になった。「さようなら」は「拙者（せっしゃ）これからお城に出かけるでござる」「さようならば、お別れいたそう」からきた。ドイツ語 Auf Wiedersehen「再会を期して」、フランス語 Au revoir「再会まで」、アラビア語 ma'as-(a)salāma「安全とともに」、中国語 再見「再会」。

goods（製品）を作れば bads（公害）が生じる。都留重人 Tsuru Shigeto（1912-2006）のことば。

57

Gourmet（グルメ）

「一億総グルメ時代」という表現が新聞に載ったのが1987年だった。『グルメ』（食通、美食家）という専門雑誌もあるほど、日本人も豊かな食生活を楽しんできたが、最近、農薬や化学薬品を含んだ食品が要注意になった。

gourmet はフランス語からきたので、語尾の -t がサイレントになっている。ballet（バレー）や cabaret（キャバレー）と同じである。このグルメは古くは「召使い、ワイン商の下僕」の意味だったが、18世紀には「飲食物に通じた人」の意味に用いられるようになった。もとは英語 groom から来ている。英語は昔と同じ「馬丁」の意味が残り、「花婿」の bridegroom の中に納まっている。

グルメの三大チャンピオンはトリュフ、キャビア、フォアグラというから、フランス語が上位三つを独占していることになる。このうち、フォアグラは「太った肝臓」（foie gras）の意味で、フランス料理のオードブルなどに出てくる。ガチョウやアヒルの肝臓を肥大させたものである。foie は俗ラテン語 *ficatum（イチジクの形をした）から来ている。「肝臓」を「イチジク」の意味に転用したのはギリシア語 súkon「イチジク」に倣った。*ficatum はラテン語 ficus（イチジク）の派生語で、ficus が音韻発達をした形 foie［フォワ］が「肝臓」の意味。

オードブル（hors d'œuvre）はオー・ド（hors d' のほかに）ブル（œuvre、作品）つまり、「メインコース以外の」の意味で、日本語の「前菜」に当たる。

Grandfather's Lamp （おじいさんのランプ） 新美南吉

「これなに、おじいさん、鉄砲？」「これはランプと いって、昔は、これで明かりをつけたんだよ。でも、な つかしいものを見つけたね」と言いながら、おじいさん は小さいころの話をしてくれました。

　おじいさんは13歳のころ、人力車でお客さんを運ぶ 仕事をしていた。お駄賃に15銭（1銭は1円の100分の 1）もらった。それでランプ屋に行ってランプをおくれ、 と言ったら、その3倍するよ、と言われた。でも、どう しても欲しかったので、お金がたまったら、かならず払 うから、と言って、ランプを1つもらった。

　おじいさんはランプをもっとたくさん買って、ランプ 屋を始めたんだよ。よく売れたから、もうかったよ。

　その後、村にも電燈がつくようになった。ランプは売 れなくなった。油をささなければならないし、天井が黒 くなる。電燈は、その点、清潔で、便利だ。

　文明開化といっても字が読めなくては、お話にならな い。それで、おじいさんは区長の家に行って、字の読み 方を教わった。本が読めるようになると、毎日が楽しく なった。それで本屋を始めたのさ。おじいさんは、仕入 れた本は、夜になると、一生懸命に読んだよ。おまえの お父さんが、おじいさんの本屋を継いだんだ。学校もで き、みんな勉強するようになった。

［注］新美南吉（1913-1943）児童文学者。東京外語学 校英文科卒。『赤い鳥』の鈴木三重吉に認められる。

59

Grapes, A Bunch of（一房の葡萄）有島武郎（1878-1923）中学時代の思い出を語る（1921）。

　ぼくは横浜に住んでいた。ぼくが通っていた中学校は生徒も先生も外人が多かった。ぼくは同級生のジムが持っている絵の具のうちの洋紅（European red）と藍（あい、indigo, deep blue）がほしかった。横浜の海と港にある船を描くには、ぼくの絵の具では足りなかった。昼休みに、ぼくはジムの絵の具入れから、二つの色を盗んだ。しかし、クラスの数人に見つかってしまった。そしてぼくの大好きな女の先生の部屋に連れて行かれた。先生は「ほんとうに盗んだの？　もう返したの？」とやさしく聞いた。ぼくは「はい」と言うかわりに、泣き出してしまった。ぼくを連れてきたクラスの生徒たちに、「あなた方は、もうクラスに戻ってよいですよ」と言った。みんな物足りなげに、階段を降りて行った。先生はぼくに「次の時間は授業に出なくてもよいから、この部屋にいなさい」と言って、窓から見える一房のブドウをくれた。授業が終わったあと、先生は部屋に戻って来て、「明日はかならず学校へいらっしゃいよ」と言った。

　翌日、先生はぼくとジムに仲直りのしるしに握手をなさいと言った。一房のブドウを窓のそとから切り取って銀色のハサミで二つに分けて、ぼくとジムにくれた。

　大人になってから、ブドウの季節になると、大理石のような、あの白い手の先生を思い出すのだが、先生がどこへ行ってしまわれたのか、分からない。

Greenland（グリーンランド）北極海の島。デンマーク領。人口5.7万人。首都ゴットホープ（Godthåb 'good hope'、現地語ヌーク Nuuk は「岬」の意味）に1.7万人が住み、その半数が公務員。1991-2003年の間に温度が6度も上昇しヒツジは秋に2週間も長く丘で放牧できるようになった。985年にアイスランドの赤毛のエリク（Erik the Red）が発見し、実際には氷の島だが、「緑の島」と呼んで、移住を促した。グリーンランド語igloo［イヒルー］「家」が西欧語に入った。100万年前には森林におおわれていた。

Grocer's Cat, The（八百屋のネコ）

　八百屋がネコを一匹飼っていて、かわいがっていた。小僧に毎日ネコに肉を1ポンド買って与えるように申しつけた。ある日、ネコが、とても、やせているように見えた。小僧を呼んで、たずねた。「今朝、ネコに肉を1ポンドやったか？」小僧は「はい、ちゃんとやりましたよ」と答えたが、主人は信じなかった。「代金を取ってしまったんじゃないか、もしかしたら、自分で肉を食べちゃったんじゃないか？」と主人は言った。主人は秤（はかり）で、ネコの体重を量ると、ちょうど1ポンドだった。

　「ほら、ごらんなさい」と小僧は言った。「今朝、ちゃんと1ポンド肉をやったと言ったでしょう。」

　「うん」と主人は言った。「だが、これが肉の1ポンドなら、ネコはどこに行っちまったんだ？」と。

　［出典］『デンマーク人の大人のための英語』p.30参照。

61

The Grownup's Eye and the Child's Eye
水上瀧太郎 『大人の眼と子供の眼』

　ぼくのお父さんは月給100円かな。お母さんに聞いたがそんなこと子供が知るものではありません、と叱られた。おじさんに聞いてみた。「ぼくのお父さんの月給100円？」「とんでもない、その3倍はあるよ」「おじさんはいくら？」「ぼくは100円の半分の半分かな」。だが、「半分だなんて、うそだ。」おじさんは外国行きの船に乗っていて、いつも外国のめずらしいおみやげを買ってきてくれるんだもの。はやく大人になりたいなあ。

　ぼくが大人になって、100円の月給取りになってみると一家を構えるどころか、二階の一部屋にくすぶっていて、満員電車で通勤していた。目の前の川は、もっとずっと広かったはずだが、大人になってみると、案外、狭かった。子供のときは、石を投げると、途中でポチャンと落ちてしまったのに、今では、簡単に向こう岸まで届いてしまった。

　子供の眼と大人の眼は違うんだ。量（quantity）ではなく、質（quality）の問題なのだ。子供の眼が夢見る眼ならば、大人の眼は現実を見る眼、批判の眼なのだ。あの格好のよかったおじさんは、友人の借金を背負って、東京にいられなくなり、北海道へ引っ越して亡くなってしまった。

［注］水上瀧太郎（1878-1940）創業者の父親の後を継いで、明治生命の専務、小説家。

Hachiya（蜂谷弥三郎、1918-2015）　私は1946年7月、ピョンヤンにいた。ある朝、突然スパイ容疑でソ連兵に連行された。全く身に覚えのないことである。シベリアの極寒地に送られ、50年の年月を送らねばならなかった。1961年、保護所で知り合ったソ連女性クラワ（＝クラウディア）は蜂谷を何くれとなく助けてくれた。おかげでシベリアのアムール州プログレス村で農業や理髪師などの仕事をして暮らした。その後エリツィン時代に名誉が回復し、1996年、島根に住む妻と娘のもとに帰れる時が来た。弥三郎、迎えに来た娘久美子、その夫など、15人ほどの友人、テレビ、新聞社、通訳を、ロシア人主婦たちの心づくしの手料理が待っていた。

　囚人の父は異国のロシアで細々と暮らしているのではないかと案じていた娘久美子は、こんなにも大勢の善意ある人々の間で暮らしていたことを知った。送別会の挨拶で彼女は言った。「この父を長い間、見守ってくださった第二の母がロシアにいるという喜びで一杯です」。

　久子は看護婦をしながら、郷里の島根で一人娘久美子を中学校養護教諭に育てた。蜂谷とクラワのドラマはロシア全土に放映された。クラワはロシア女性の誇りと讃（たた）えられた。2003年11月、日本のテレビの招待で来日したクラワは、島根で一週間を過ごしたあと、インタビューに答えた。「あの37年間は、私の最もしあわせな年月でした。」（sámye sčastlívye gódyサームイエ・スチャストリーヴィエ・ゴードゥイ 'happiest years'）

Hagiwara（萩原葉子1920-2005）詩人・萩原朔太郎（p.79）の長女。母親に捨てられ、わびしい少女時代を過ごしたが逆境によく耐えて『父・萩原朔太郎』1959（筑摩書房）を出版した。室生犀星が愛情溢れるあとがきを書いている。朔太郎と犀星は無名時代に知り合い、無二の親友だった。葉子は日本エッセイストクラブ賞で得た賞金で初めて自分の机を買った。室生犀星の発案で開催された出版記念会に三好達治、佐多稲子、宇野千代、山岸外史らも参加、草野心平、西脇順三郎のスピーチがあった。自伝『蕁麻の家』新潮社（1976）は25年ぶりに転がり込んだ母親と知恵遅れの妹に悩まされながら完成し女流文学賞を得てベストセラーとなり、ドラマ化された。続く『閉ざされた庭』1983と『輪廻（p.164）の暦』1997とともに自伝三部作を完成。『天上の花』1965は師として支えてくれた三好達治（1900-1964）への鎮魂歌である。

Hakonesque（小田急ロマンスカー広告、1993）「好きだよと言えずに、おいしいね、と言って食べた懐石料理」-esque は Arabesque, picturesque, Romanesque の語尾。

Hakushū, Kitahara（北原白秋）「蕗の薹」（赤い鳥1925）
蕗のこどもの　ふきのとう。A butterbur sprout,（5音節）
子が出ろ、子が出ろ、child of butterbur!（5）
ふきが出ろ。　Come out, lovely sprout.（5）
となりの雪も　とけました。Their snow has melted,（5）
おうちの雪も　かがやいた。　Our snow is shining.（5）
［英語は下宮］北原白秋は萩原朔太郎とも親交あり。

Harp of Burma （ビルマの竪琴）竹山道雄著。

　太平洋戦争も終わりに近いころ、日本軍はビルマ戦線から敗走した。その中に合唱が得意な小部隊があった。隊長は音楽家で、水島上等兵は竪琴の名人だった。ある夜、部隊は英国軍に包囲されたが、敵を油断させるために、「埴生の宿」（Home, Sweet Home）を合唱すると、英国軍もそれにあわせて英語で歌い始め、いつの間にか両軍が手を握って一緒に合唱していた。終戦の3日前だった。日本軍はムドンの町の捕虜収容所に入れられた。水島は、まだ戦いを続けている日本軍を説得する任務を与えられて、あとに残った。

　水島は無事に任務を終えて、仲間たちの待つムドンへ急いだ。だが、途中で日本兵の死体が、いたるところに散乱しているのを見た。最初、それらを丁寧に葬っていたが、あまりにも多いので、あきらめてしまった。ムドンの墓地に外人が建てた日本兵の墓碑を見た。外国人でさえ日本兵を葬ってくれているではないか。隊長も仲間も心配して私を待っていてくれたが、私はこの地に留まろう、そして、ビルマの僧（Burmese priest）になって慰霊しよう、と決意した。日本兵は罪なくして戦争の犠牲となり、遠い異国に散ったのだから。

　竹山道雄（1903-1984）は東大独文卒、東大教授。ニーチェの『ツァラトゥストラかく語りき』や『ゲーテ詩集』の翻訳がある。『ビルマの竪琴』（1947）は児童文学の毎日出版文化賞を得た。

65

Heidi（アルプスの少女ハイジ）

　ヨハンナ・スピーリ著『ハイジ。ハイジの学習と放浪の年月』と『ハイジは学習したことを利用することができる』の2巻を1巻にまとめたものである（1881）。

　ハイジは5歳の女の子。住んでいるところはスイスの小さな村マイエンフェルト。ハイジが1歳のとき、お父さんもお母さんも亡くなった。お父さんは大工だったが山へ木を切りに行って、大きな木が倒れてきて、その下敷きになってしまったのだ。お母さんは悲しみのあまりその後まもなく亡くなった。お母さんの妹のデーテDete が働きながらいままでハイジを育ててくれた。だが、今度、ドイツで、もっとよい仕事を見つけたので、フランクフルトで働くことになった。そこで、ハイジを山の上に一人で住んでいるおじいさんにあずかってもらうことにした。

「おじいさん、私はもう4年もこの子の面倒を見てきたのよ。こんどは、おじいさんの番よ。あなたは亡くなった息子さんの父親なんでしょ。お願いするわよ。」

　普通なら、孫が来てくれたのだから、大いに喜ぶはずだが、このおじいさんは、長い間、村人との交際をいっさい断ち切って、山の上でチーズを作りながら暮らしてきた、偏屈な人物である。若いときにイタリアに渡り、軍隊生活をしていた。戦争が終わったので、故郷のマイエンフェルトに帰ってきたのだ。スイスは貧しかったので、百姓になるか兵隊に行くしか、食べてゆけなかった

からだ。おじいさんは、4年ぶりに見る孫のハイジに向かって言った。

「お前はこれからどうするつもりだ？」（原文は、文法的ではないが Was willst jetzt tut? p.20）

「どうする」って、それはおじいさんが考えることでしょ。で、ハイジは拍子抜けして、「おじいさんが家の中に持っているものを見せてよ」と言った。「うん、よかろう。」

小屋の中に入ると、おいしそうなチーズのにおいがプーンとしてきた。「これ、おじいさんがみんな作ったの？」「そうだよ。」「あたし、どこで寝るの？」「どこでもいい」とおじいさんが言うので、二階に昇ってゆくと、まるい窓があった。窓の英語 window の語源は wind-eye「風の目」である。風が入る穴であるが、同時に、明かりも入ってくる。「あたし、ここで寝るわ。」「よし、よし、それでは、わらを積み重ねてその上にシーツを敷くことにしよう。」「さあベッドが出来上がった。これは、ふかふかで、王様のようなベッドだ」とおじいさん。「さあ、疲れただろう。下で食事にしよう」二人は焼きたてのチーズとパンとヤギのミルクで食事をした。翌日はペーター（ヤギ飼いペーター）と一緒にヤギを放牧のために、山に登って行った。山の生活は、毎日が新しく、ハイジは、とても楽しかった。

初めのうちは「面倒をしょい込んだ」と思っていたおじいさんも、孫との共同生活に、だんだんと人間性をとりもどしてきて、新しい生活を楽しむようになった。ヤ

ギの放牧の季節が過ぎて、秋と、寒い冬がやってきた。ペーターは山の中腹（標高811メートル）にお母さんと目のみえないおばあさんと三人で暮らしている。冬にはペーターが山小屋に来たり、ハイジがそりで山を下ってペーターやそのお母さん、おばあさんの住む小屋に遊びに行った。ペーターたちの住んでいる小屋は、風が吹くと、ガタピシする、ひどい小屋である。

　3年たったとき、ひさしぶりに、デーテおばさんが山を登ってやって来た。「私が働いているフランクフルトのお金持ちの家で、車椅子のお嬢さんが、お友だちを探しているの。ハイジのことを話したら、ぜひ、連れて来てっていうのよ。ここにいたんでは、ハイジは学校へも行かせていないんでしょ。もう8歳になるのよ。」

　おじいさんは、いまさら、ハイジを手放すことはできない。「連れて行けるものなら、連れて行ってみろ。ハイジは絶対に行かんぞ。」デーテおばさんは、いろいろと甘いことばで、なんとかしてハイジを連れ出そうとする。「フ、フ、フランクフルトって、今日中に帰ってこれるの？」「うん、帰りたいときは、いつでも帰ってくればいいのよ。」今日中に帰れるはずなんてないよ。汽車でチューリッヒまで行き、そこで1泊せねばならない。そして次の日にフランクフルトに着く。今ならマイエンフェルト・フランクフルト間は、チューリッヒ乗り換えて、6時間で行けるが。この作品の書かれた1880年は、まだ連絡が不便で、チューリッヒで1泊せねばならな

かった。なんとか、ハイジをマイエンフェルトの駅まで連れてきたが、汽車に乗るとわかって、ハイジは泣いて、行くのをいやがったが、汽車は発車してしまった。

　こうして、ハイジはフランクフルトの銀行家の家に住んで、クララという一人娘の遊び相手になり、まったく新しい都会生活が始まった。クララは車椅子のため、学校へ行けないので、家庭教師が毎日やってくる。ハイジも一緒にアーベーツェー（ABC）から始めて、めんどうなドイツ語の文法を学ばねばならない。

　白いパンも、おいしいご馳走もある。クララは親切だ。けれども、ハイジは都会の息苦しい生活よりも、アルムの山をヤギたちと一緒に駆けまわりたいのだ。クララの父のゼーゼマンさんは、心配して、ドイツの北のホルシュタインに住む、おばあさんを呼んでくれた。このおばあさんはゼーゼマンさんの母親である。おばあさんは、ていねいにABCの読み方を教えてくれたので、ハイジは絵本が、すらすら読めるようになった。でもおばあさんが帰ってしまうと、ハイジは夢遊病になってしまった。

　ゼーゼマンさんは、フランクフルトのお医者さんと相談して、ハイジをマイエンフェルトに帰らせることにした。ハイジに事情を書いた手紙を渡して、おじいさまに渡してくださいと言った。来年夏、私とおばあさんとクララと三人で、かならずマイエンフェルトに行きますよ。

　そして、それは実現した。山の上で食べる食事はクララを健康にした。チーズは1枚しか食べられなかったの

に、2枚も食べられる。「さあ食べて、食べて！　山の風がおいしくしてくれるんだよ」(Nur zu! Nur zu! Das ist unser Bergwind, der hilft nach.) ハイジとクララとペーターは毎日ヤギと一緒に山にのぼり、お花を摘んで、遊んだ。「私も歩きたい！」

　1か月のマイエンフェルトの山の上で生活している間にクララは車椅子を使わなくても、一人で立ち上がり、歩けるようになった。おとうさんも、おばあさんも、クララの思いがけない回復に、どんなに喜んだことだろう。

　マイエンフェルト（Maienfeld）はチューリッヒで乗り換え、そこからクール（Chur）行きの特急で1時間40分のところにある。駅から山のアルムおんじ（Alp-Öhi）の小屋まで徒歩で2時間かかる。Almは標準ドイツ語で「山の牧場地」の意味で、スイスドイツ語はAlpという。テレビの『ハイジ』は1974年4月に始まり毎週日曜日に放映され、1975年3月に終わった。その後、たびたび再放送され、ビデオ2巻も出版された。筆者は1974年以後、定年の2005年まで、ヨーロッパで学会が開催されるごとにMaienfeldに立ち寄った。日本の「**ハイジの村**」（Heidi's Village、旧称山梨フラワーガーデン）が中央線韮崎駅からバスで20分のところにある。そこには現地よりもさらに美しい庭園が広がっている。クララ館にはホテル、食堂、温泉、ゼーゼマン書斎がある。デルフリ村発の3両連結の園内列車が走っている。レストラン、カフェー、お土産店、作品鑑賞のテレビもある。

Hiawatha, The Song of（ハイアワサの歌）

　　ロングフェローの『ハイアワサの歌』（1855）はアメリカインディアンのオジブワ族（Ojibwa, Ojibway）の英雄ハイアワサの生涯を歌った22章（cantos）、5331行からなり、強弱4歩格（trochaic tetrameter）で書かれている。

　Swíft of/ fóot was/ Hía/wátha; 強弱／強弱／強弱／強弱

　Hé could/ shóot an/ árrow/ fróm him,　　　以下同じ

　Ánd run/ fórward/ with such/ fléetness,

　Thát the/ árrow/ féll be/hínd him.

　ハイアワサは足が速かった。

　矢を射て

　敏速に走り、

　矢が背後に落ちるほどだった。（第4章）

　　オジブワ族は北米スペリオル湖畔に住む2万人弱の先住民で、totem（崇拝動物）の語はここからきている。

　　月の娘ノコミス（Nokomis）は娘ウェノナ（Wenonah）を生んだ。ウェノナは成長して西風ムジェキーウィスとの間に英雄ハイアワサを生んだが、夫に捨てられ、死んだ。祖母ノコミスは孫のハイアワサを揺りかごから育てた。ハイアワサが成長して、ダコタの弓作りの娘ミンネハハと結婚したいと言った。祖母ノコミスは反対した。

　Wéd a máiden óf your péople,　　ここの乙女を選べ。

　Wárning sáid the óld Nokómis.　　祖母は警告した。

　Gó not éastward, gó not wéstward,東や西に行くな。

Fór a stránger, whóm we knów not!よそ者を求めるな。
ハイアワサは答えた。

Véry pléasant ís the fírelight, 火の明かりは楽しい。
Bút I líke the stárlight bétter, だが星明かりが好きだ
Bétter dó I líke the móonlight! 月の明かりが好きだ。
Mínneháha, Láughing Wáter, ミンネハハ、笑う水は
Hándsomést of áll the wómen 女のうち最も美しい
Ín the lánd of thé Dacótahs, ダコタの国で
Ín the lánd of hándsome wómen. 美しい女の国で。

こうしてオジブワ族とダコタ族は親族関係になった。
畑はトウモロコシを与え、山々の動物は肉を与え、川
や湖は魚を与えた。ハイアワサはカヌーを作り、絵文字
（picture-writing）を発明し、生活の知恵を後世に伝え
た。最後の第22章ハイアワサの出発（Hiawatha's
Departure）はキリスト教の伝来とともに、ハイアワサ
が祝福の国エリセウムに去って行く様子を描いている。

Í am góing, Ó Nokómis, ノコミスよ、さようなら、
Í am góing, Ó my péople, みなさん、さようなら、
Ón a lóng and dístant jóurney; ぼくは遠い旅に出ます
Mány móons and mány wínters いつの日か、また、
Will have cóme, and will have vánished, みなさんに
Ére I cóme agáin to sée you. お会いしましょう。

ロングフェロー（Henry Wadsworth Longfellow, 1807-
1882）はハーバード大学のフランス語とイタリア語の教
授であった。ダンテの『神曲』の英訳もある。

Higuchi Ichiyō（樋口一葉、1872-1896）5,000円札にのっ
た明治時代の女流作家。貧困と闘いながら、短命の間に
名作をたくさん書いた。平田禿木（p.188）らが援助の手
を差しのべた。『琴の音』The Sound of koto（1893）。渡
辺金吾は、4歳のときに、母が離別したので、父と一緒に
暮らしていた。しかし父は財力がなく、住んでいた家を
追われ、野宿していた。そのうちに、私を残して、首つ
り自殺してしまった。親なし子になった私は、子供にも
大人にも、いじめられた。母親と一緒の子供を見ると、
うらやましかった。私は母を悪魔と呪った。ボロ着一枚
になった私は、ついに、ドロボウになった。14年間さす
らったあと、ある晩、上野の森の屋敷から琴の音が聞こ
えてきた。もしかしたら、母は、あのような女性だった
のかもしれない。私は新しく生きる決心をした。そして
百花爛漫の世を目指した。私は子犬と一緒だった。

hill folk（丘に住む人々）北欧の伝説では「姿の見えな
い人々」hidden people と呼ばれ、丘や洞窟に住む。むか
し、悪魔が天国で反乱を起こしたとき、悪魔と、その同
盟軍は天国から追放された。どちらにも加わらなかった
ものは、地上に追放され、丘や岩山に住むように定めら
れた。彼らは妖精（elf）または姿の見えない人々と呼
ばれる。妖精は善良な人や誘惑したい男の前には、美し
い女性として姿をあらわす。アンデルセンの『旅の道連
れ』（1835）には、父親が亡くなり、一人ぼっちのヨハ
ネスの前に、妖精たちがあらわれて応援する。

History of linguistics（言語学の歴史）

　日本の言語学史における西欧的伝統を述べたもので、1996年9月12日～17日OxfordのKeble Collegeで開催の国際言語学史学会での発表European Tradition in the History of Linguistics in Japanは下記に印刷された。History of Linguistics 1996, Volume 2: From Classical to Contemporary Linguistics, ed.D.Cram, A.Linn, E.Nowak. Amsterdam, 1999, p.261-268.

　わが国における近代言語学の歴史は1886年東京帝国大学に博言学（ドイツ語Sprachenkunde；1899年言語学と改称）科が設置されたことから始まる。言語学の最初の教師は英国人Basil Hall Chamberlain（1850-1935；本書p.29）で、1886-1890の間、言語学と日本語を教えた。東京帝国大学の最初の言語学教授はドイツとフランスで印欧言語学と言語学史を学んだ上田萬年（1867-1937）であった。上田は当時言語学のメッカであったライプツィヒでKarl Brugmann, August Leskien, Wilhelm Wundtに学び、帰国後、音声学とPaulの『言語史原理』を講じ、ドイツの大学のように日本語研究のゼミナールを設置した。上田の後任、藤岡勝二（1872-1935）も1901-1905の間ドイツに学び、帰国後、言語学概論、一般音声学、ブルークマンの『簡約印欧諸語比較文法』、ゲルマン諸語の歴史文法などを教えた。彼はBloomfield『言語の研究入門』（1914）、Whitney『言語の生命と発達』、Saussure『講義』、Gabelentz『言語学』、Meillet『序

説』（1922）、Paul『言語史原理』、Vladimircov『モンゴル語文語比較文法』などを翻訳しながら、講義の準備をした。こうして、ドイツの言語学の伝統は20世紀初頭に日本に成功裏に採り入れられた。

日本で第二の帝国大学である京都帝国大学での最初の言語学教授は新村出（1876-1967）だった。彼は上田万年の教え子で、ライプツィヒに、のちミュンヘンのパウル（Hermann Paul, 1846-1921）のもとで学び、帰国後、パウルの『言語史の原理』を教えた。これは、他の言語学教授も同様であった。19世紀は「言語学は言語史なり」の時代だった（Paulの序文にSprachwissenschaft ist gleich Sprachgeschichteとある）。新村の『南蛮更紗』はポルトガル語・スペイン語、キリスト教文化がわが国に伝わった経緯を述べたもので、南蛮はsouthern barbarians（foreigners）、更紗はsilk clothの意味である。上田と新村は日本語を中心に、藤岡はアルタイ言語学を中心に研究した。

上記三人の教え子たち、すなわち第二代の言語学者、高津春繁（1908-1973）と泉井久之助（1905-1983）の研究領域は印欧言語学が中心であった。泉井はMeillet-CohenのLes langues du monde（1924）を同僚・教え子たちと翻訳し、文献を補充した（大阪、1954）。

サンスクリット語の教授、高楠順次郎（1866-1945）と辻直四郎（1899-1979）は、ともに東京大学の教授で、オックスフォードで学んだ。高楠はMax Müllerのもと

で、辻はA.Macdonellのもとで。榊亮三郎（京都大学）の『解説梵語学』（1907）はJ.G. Bühlerの入門書を参考にして、荻原雲来の『実習梵語学』（東京大学）はA.F.Stenzlerの入門書（Berlin）を参考にして書いた。

第二次世界大戦終了（1945）以前の学者は、将来言語学教授になるべく運命づけられた者は文部省留学生としてドイツ、フランス、イギリスに留学した。唯一の例外である小林英夫（1903-1978）はヨーロッパの書物を貪欲に読み漁り、留学組と同じくらいに書物から多くを吸収した。小林はソシュールの『講義』の世界初の翻訳者として、『言語学原論』の書名で東京の岡書院（1928）から出版した。東大の専科を卒業後、無職のまま、夏休み3か月を費やして『講義』を日本語に翻訳した。東大の卒論はフランス語で書かれた「イプセンの言語、文体論的分析」（la langue de H.Ibsen, essai d'analyse stylistique）であった。『言語学原論』は1927年12月に出たが、出版年は1928になった。ソシュールのMémoire出版も1878年末であったが、出版年は1879であった。日本語の翻訳のあと、ドイツ語訳（1931）、ロシア語訳（1933）が続いた。『原論』800部が売り切れるのに数年を要したが、1940年に版権が岩波書店に移ってからは順調な売れ行きを示した。小林は訳稿に全面的な手を加え、原著に沿った『一般言語学講義』の書名で1972年に岩波書店から出版された。販売部数は1928-1992年までに6万部であった。小林は、さらに、Charles

Bally, Louis Hjelmslev, Henri Frei, Karl Vosslerの主著を翻訳した。Bally, Vossler, Spitzer, Croceの理論をもとに言語美学（linguistic aesthetics）を創造し、日本の近代作家の文体に応用した。

　1947年に京都帝国大学言語学教授新村出の後を引き継いだ泉井久之助はドイツ・フランスに留学することができなかった（どんなにそれを望んだことか！）が、戦前、1938年、1939年、1941年、太平洋諸島でフィールドワークを行ない、1942年にはフランス領インドシナでもフィールドワークを行なうことができた。その成果は『比較言語学研究』フランス語書名Etudes comparatives sur les langues du Sud（les langues micronésiennes, la langue tcham etc.）となった。泉井の卒論「印欧諸語におけるインフィニティヴの発達」（1927）は『言語学論攷』（京都 1944, p.309-380）と『一般言語学と歴史言語学』（大阪 1947）に再録された。泉井は印欧言語学者でありラテン語学者であった（白水社の『ラテン語広文典』あり）。早くからパリ言語学会の会員、ローマのAccademia Latinaの会員であった。1979年に日本印欧言語学者会議（Conference of Indo-Europeanists of Japan）を創設し、若い学者を育てた。

　プラーグ学派は有坂秀世（1908-1952）の『音韻論』（1940）、コペンハーゲン学派は林栄一（大阪外国語大学）に受け継がれ、L.Hjelmslev：Prolegomena to a Theory of Languageの日本語訳（研究社 1959）がある。

77

英語学は東京帝国大学教授・市河三喜（1886-1970）とその教え子たちによって日本に紹介された。名古屋大学教授前島儀一郎（1904-1985）の三部作『英独比較文法』（大学書林1952）、『英仏比較文法』（大学書林1961）、『英独仏語・古典語比較文法』（没後出版、大学書林1989）は比較言語学の原理にもとづく新鮮な著作であった。

　ヨーロッパ流の言語学は1950年代まで続いた。戦後ガリオアおよびフルブライト奨学金でアメリカに留学した者はBloomfieldとChomskyの言語学を持ち帰った。『日本言語地図』6巻（国立国語研究所1967-1975）はJ.Gilliéronのフランス言語地図などに刺激された。

　第13回国際言語学者会議（International Congress of Linguists）が1982年8月、東京の都市会館で開催された。第1回が1928年ハーグで開催されて以来、欧米以外の国で開催されたのは初めてであった。会議会長服部四郎（1908-1995）、事務局長井上和子（Michigan Ph.D., A Study of Japanese Syntax, Mouton, 1964の著者）、組織委員会30名、参加者は48か国からの1,448名であった。事務局は学習院大学文学部内に置かれた。

hoarded money タンス預金。外国から持ち帰ってそのままの貨幣が1兆3,200億円。2012年。

homo sovieticus（ソビエト的人間、1992年ごろ、モスクワ）ソ連邦が崩壊し、共産党執行部に命令されて行動していた高官たちが、命令系統を失って、何をすべきか分からず、アルコールに溺れた。

Hussein（サダムフセイン御用列車）バグダッド・バスラ間500キロをフランス製豪華列車6両が走る。「王様も市民も違いはない」と市民の声。家族連れが多い。2008

hybrid word（和洋混成語）サラ金（salaried man＋金）; サボる（フ sabot「木靴」フランスの労働者は木靴を叩いて給料上げろと叫んだ＋起きる、寝るなどの動詞語尾る）。

Iceland（アイスランド）詩人・萩原朔太郎（1886-1942）の作品。詩集『氷島 The Iceland』（1934）に「二児を残して蒸発せる妻は杳として行方知れず、わが心は極地に住む氷島人のごときなり」I have no idea where my wife has gone, leaving two children. My mind is like that of an Icelander who lives in the Pole. と歌った（英語は下宮）。妻は若い青年と駆け落ちしてしまったのだ（書名の定冠詞 The は不要だと思うが）。1934-1942の間、明治大学で文芸学を週1回教えていたが、ある晩、泥酔して新宿の交番で不審尋問された。職業を聞かれて、詩人とか文筆と答えたが、分かってもらえなかった。明大の講師をしている、と言ったら「大学の先生ですか！　それは失礼しました」と放免してくれた。妻が去って4年後、1938年4月、萩原朔太郎（52）は北原白秋（1885-1942）夫妻の媒酌で目黒の雅叙園で再婚した。新妻は詩人・大谷忠一郎の妹・美津子（27）であった。しかし朔太郎の母は籍に入れることを頑強に反対し、美津子は散々にいじめられ、一年後に別れてしまった。朔太郎はアパートを借りて美津子を住まわせ、亡くなるまで交際を続けた。

Improvisatoren（即興詩人）アンデルセンの小説（1835）

　表題はデンマーク語の綴りで、英語は The Improvisator となる。語源はイタリア語 improvviso「即興で」。アンデルセンが1833年9月から1834年3月までのイタリア旅行をしたときの見聞を描写したもので、名所旧跡が物語の中に織り込まれ、イタリア案内小説といわれる。

　ローマに育ったアントニオは、イエズス会の神学校に学び、ダンテの神曲を知り、親友ベルナルドを得た。アントニオはオペラ女優アヌンチャータと知り合い、彼女に即興詩を贈った。二人の間に恋が芽生えたが、ベルナルドも彼女を恋していることを知り、二人は決闘した。アントニオはベルナルドを傷つけてしまい、ローマから逃れた。そしてヴェネチアに行き、即興詩を作っていた。

　6年の歳月が過ぎ、アントニオが26歳になったとき、場末の劇場で落ちぶれたアヌンチャータと再会した。二度目に訪ねると、彼女はすでに旅に出たあとだった。遺書から彼女が愛していたのはアントニオであることを知った。自分はこれから死なねばならない、私のかわりに市長の姪のマリアを愛してくれるように、とあった。

　軍医だった森鷗外（1862-1922）がドイツ語から訳した文語訳『即興詩人』（春陽堂1902）は原作以上の作品といわれる。原語からの散文訳は宮原晃一郎（1882-1945）『即興詩人』（金星堂1923、再版、養徳社1949）、大畑末吉訳『即興詩人』（岩波文庫）があり、安野光雅絵・文『即興詩人』（山川出版社、2010）は絵入りで楽しい。

infinitive（不定法、印欧語の）*dō-nom, *dō-rom「与えること」ラテン語dōnum「贈物」、ギリシア語dōron「贈物」；男名Theodore「神の贈物」、女名Dorothea「神の贈物」。スラヴ人Bogdanも bog「神」のdan「贈り物」。

Ingratitude Punished（忘恩の罰）

『デンマーク人のための英語』のテキストより（p.30）

　ある日、ハイカラな婦人が買い物をしていた。突然、大雨が降り、街路は水浸しになってしまった。彼女の馬車は大きな広場の向かい側にとめてあった。広場は雨のため湖のようになっていた。馬車の運転手は彼女を迎えに行こうとしたが、馬が水たまりの中を行くのをいやがった。一人の紳士が、彼女の難儀を見て、彼女に近寄り、婦人を腕に抱きかかえ、広場を渡り、彼女を馬車のドアのステップに無事におろした。婦人は驚きから正気に戻ると、振り向いて、紳士に向かって言った。「失礼な人ね！」

　紳士は一言も言わず、彼女を再び腕にかかえて、水たまりを渡り、彼女がもといた場所におろした。そして、帽子を脱ぎ、うやうやしくお辞儀をして、立ち去った。

International Congress of Linguists（国際言語学者会議）第1回が1928年オランダのハーグで開催された。会長は『ゴート語語源辞典』『サンスクリット語語源辞典』のC.C. Uhlenbeck（ユーレンベック、1866-1951）で、参加者は311名だった。第13回が1982年東京で開催された。会長は服部四郎（1908-1995、東京大学名誉教授）、参加者は48か国からの1,448名であった。

Izu Dancer（伊豆の踊子）川端康成（1926）

　私は20歳、高等学校の制帽をかぶり、紺飛白（こんがすり）の着物に
袴をはき、学生カバンを肩にかけて、一人で旅していた。
修善寺と湯ヶ島で一人の可憐な踊り子を見た。私は旅芸
人の一行のあとを追いかけて、天城峠（あまぎとうげ）の茶屋で会うこと
ができた。宿に着くと、踊り子は私にお茶を出してくれ
た。彼女は顔を赤らめて、はにかんでいた。

　私は、お座敷に出ている踊り子のことが気になってし
かたがなかった。翌朝、旅芸人の男と朝湯に入っている
と踊り子が裸のまま、飛び出してきた。踊り子は、ま
だ、ほんの子供だった。私は旅芸人の一行と徐々に親し
くなり、一緒に過ごすうちに、心がいやされていった。
　下田（しもだ）に着いたとき、私は旅費がなくなったため、翌朝
には船で帰らねばならなくなった。踊り子は私に活動写
真に連れて行ってほしい、とせがんだが、踊り子の祖母
が、それはいけませんと、たしなめた。

　翌朝、船乗り場に着くと、踊り子がいた。彼女は昨夜
のお化粧のままでいた。その姿を見て私は感情があふれ
た。船は下田を出た。船室で横になっていると涙がこぼ
れた。私は人のどんな親切でも自然に受け入れられるよ
うな美しい心持（beautiful feeling）になっていた。

　さよならも言えず泣いている私の踊子よ…（三浦洸一）

　川端康成（1899-1972）東大英文科卒。数え年2歳の
ときに父が、3歳のときに母が亡くなり、大阪の祖父母
のもとで育てられた。日本初のノーベル文学賞（1968）。

Japanese Alps（日本アルプス登頂記）

Walter Weston: Mountaineering and exploration in the Japanese Alps. London, John Murray, 1896. xvi, 346pp. 日本山岳会創立70周年記念出版。復刻　日本の山岳名著。日本山岳会制作・発行：大修館書店　1975.

著者（1861-1940）はアルパインクラブ会員、日本アジア協会会員、東京地理学会会員、もと在神戸英国牧師（chaplain）。イギリスの登山家で、1888年宣教師として来日、日本アルプスを踏破した、と広辞苑にある。

本書は『日本アルプスの登山と探検』と題し、1年半にわたる日本中部の山岳地帯を散策した記録である。

私の旅行仲間に本書を捧げる、として、次のギリシア語を添えている。hótan túkhēi tis eunooûntos oikétou, ouk éstin oudèn ktêma kállion biôi. もし、忠実な召使いにめぐりあえたならば、人生においてこれ以上のすばらしい財産はない。このギリシア語は岩波のギリシア・ラテン引用語辞典にもなく、著者Westonの古典の素養が偲ばれる。

明日は長い旅が待ちかまえているので、今夜は十分に睡眠をとらねば、と思っていたやさきに、隣室で宴会が始まった。しかも日本の宿屋は薄いふすまで区切られているだけだ。プライバシーなんかありゃしない。

ロンドンに帰ると、よく尋ねられるんだよ。「日本には鉄道があるのかい」ってね。そのつどぼくは答えている。「日本の鉄道は1873年に始まった。1895年末現在、

3,600キロも走っていて、29の会社が経営している」と
ね。日本で登山するとき、茶屋（tea-house）で一服す
ると、快適だよ。檜ヶ岳（Spear Peak）とは、うまい
命名じゃないか。日本のマッターホルンだ。

　Schizocodon soldanelloides（the Alpine bell、イワカガ
ミ）、Soldanella alpina（アルプスのサクラソウ）など、
登山家は植物にくわしい。前者は-oidesとあるからギリ
シア語であることは分かるが。soldanella（サクラソウ）
は葉がsoldo（貨幣）に似ているためである。

　イギリス人には考えられないことだが、日本人のオフ
ロの入り方はこうだ。お客たちが木製の湯船（wooden
bath-tub）に入ったあと、水を替えずに、家族の男性た
ちが入る（place aux messieurs, not aux dames、とフ
ランス語を、当たり前のように使っている）、家族の女
性たちがこれに続き、最後に下男、下女で終わる。

　A railway journey of five-and-twenty miles on the
Naoetsu line（p.13、直江津線の25マイルの旅）の25の
数字がtwenty-fiveでなくてfive-and-twentyになってい
る。この順序は、興味深い。ドイツ語・オランダ語・デ
ンマーク語は、いまでもfive-and-twenty式なのだ。富
士登山が禁じられている春に、25年ほど前の話だが
（some five-and-twenty years ago）とある。その後1891
年10月28日、大地震が起こり東斜面に、広大な割れ目
（chasm）が生じた。外国人登山家の間で大騒ぎになっ
たが、parturiunt montes, nascitur ridiculus mus（大山

84

鳴動鼠一匹）と、またラテン語が出た。

中仙道から落合まで80キロにわたる木曽地方（Kiso）はfive trees of Kisoと呼ばれるヒノキ、ブナ、栃の木、カエデ、クルミなど良質の材木を産出する。御嶽（Ontake）は日本のデルポイ（Delphoiはアポロの神殿）とある。

land（着地する）は飛行機の場合に使うのかと思っていたら、汽車が駅に到着する場合にも使うようで、p.59にA train journey of 12 hours landed us at Kobe.（汽車で12時間の旅ののち、われわれは神戸に着いた）とある。

松本は人口2万の都市で、ここで私たちは、やっとパン屋（baker）を見つけて、パンにありつくことができた。ビーフ、ビール、ミルク、氷も買うことができた。

出しの沢小屋（奥穂高岳）では8人がゴロ寝した。管理人は私と私の友人のために布団を1枚用意してくれたが、ノミの大群に襲われてしまった。ひどかった。

穂高岳（3,090メートル）は日本最高の花崗岩山だ。雪を頂いた峰の上に立つ山は「穂の立つ山」という絵のような形容詞を得ている。北方に大きな尾根（arête）で槍ヶ岳が続き、少し下ると常念岳のピラミッドが私たちを迎えてくれる。雪の斜面を降りると五葉松（five-needle-pine）の森を通り抜け、岩の荒れ地に出た。

笠ヶ岳（岐阜県高山市）と蒲田川（岐阜県の渓流）の西方に、はるか、かなたに日本海が「海波の無数の笑み」（pontíôn te kumátôn anêrithmon gélasma, Aeschylus）

85

をうかべている、など、ギリシア語やラテン語が出て、著者は古典の素養が深いことに感動させられる。

外人と見ると、代金を何倍も多く要求する。私は神戸で洗濯代を通常の7倍も吹っかけられたことがある。旅籠（夕食、布団、朝食）で同行の日本人の4倍も請求された。「なぜ？」と尋ねると、「それが習慣ですから。」外国人は金持ちだし、日本の習慣に慣れていないからということらしい。Prof. Chamberlain が Things Japanese（日本事物誌1905）で言っているように、私は Japped（日本流にやられた）のだ。

富士山は日本人ばかりでなく、外国人にとっても、あこがれの霊地である。1893年5月のこと、東海道線の岐阜で下車して、人力車で太田まで行き、そこで宿泊する予定だった。駅を降りるとパスポートの提示を求められた。「あなたのパスポートでは富士見13州しか旅行できませんよ。」「13州とは武蔵、房州、上総、下総、常陸、下野、上野、信州、甲州、遠江、駿河、伊豆、相模だから、美濃（岐阜県）は入っていませんよ。ですから、美濃を旅行することはできませんよ。」だが、ここで引き下がるわけにはゆかない。私はがんばった。

ウェストンの功績をたたえて、1963年、新潟県糸魚川市に全身像が、1965年、長野県飯田市の天竜峡に記念碑が設置された。エミリー夫人を戸隠山（長野市）と高妻山に初めて登頂した外国人女性として偲ぶため、毎年8月第一土曜日にミセス・ウェストン祭典が開催される。

Japanese Robinson Crusoe, A （1898）

　小谷部全一郎（Jenichiro Oyabe）著 A Japanese Robinson Crusoe. Boston-Chicago, The Pilgrim Press, 1898. 生田俊彦訳『ア・ジャパニーズ・ロビンソン・クルーソー』一寸社。1991年1月21日発行、同年4月25日再版。定価1,500円。249頁。〒101 千代田区神田神保町2－11柿島ビル。英語版編者および日本語訳者生田俊彦は1924年生まれ、中央大学法学部卒、日興証券専務取締役、日興不動産社長1988年退任。妻Masakoは小谷部の孫にあたる。名前 Ze を Je と表記しているが、類例に1903年の絵葉書に、童謡詩人金子みすゞの故郷仙崎をSenjaki と書いている。

　パキスタンの少女マララ（Malala Yussafzai）が国連で「一人の子供、一人の教師、一冊の本、一本のペンが世界を変えることができる」（One child, one teacher, one book, one pen can change the world.）と演説し、全世界に大きな感動を与えた。私にとって同じくらいに上記の本が2014年の最も感動的な本だったので、紹介する。

　1. 小谷部全一郎は1867年12月23日秋田生まれ。5歳のとき母が病死。父善之輔は1877年大阪上等裁判所検事。1881年従兄の放蕩で小谷部家が破産、名門の一家は離散。

　2. 全一郎は単身徒歩で上京。二年後に福島裁判所に赴任した父善之輔のもとに行き父から漢学や法学を学んだ。

　3. 1884年、17歳のとき、父・善之輔と別れて北海道

の函館に到着した。アイヌ村に（二か月ほどか）滞在
し、酋長から歓迎された。アイヌ研究の先駆者ジョン・
バチェラーの存在を知った。金田一京助は小谷部を「ア
イヌ種族の救世主」と呼んだ。北海道を横断し、根室か
らオネコタン、パラムシル、ペトロパウロフスクへ達し
た（この行程は何度も生死の境を乗り越えた）がパス
ポートを所持していないため、函館に送還された。函館
で知人の日本人に金銭、日記など全部盗まれた。横浜、
小笠原父島、沖縄、北京に渡り、孔子の学問、仏教、イ
スラム教を学び、比較宗教学なるものを身につけた。北
京にはモンゴル町と中国町があり、後者は道がせまく、
貧民、乞食が大勢いた。

　4．帰国して神戸でThomas Perry号に乗り、1888年
12月25日、ニューヨークに着いた。ニューヨークの国
立病院で働きながら勉学し、ワシントンのハワードの学
長Dr.J.E.Rankin, D.D.L.L.D.のもとで勉学しPh.D.を得
た。Yale大学大学院で社会学と神学を研究した。

　5．Dr.Rankinから餞別にウェブスターの辞書を戴い
た。ハワイのMaui島で2年間宣教した。父を日本から
迎えるために、渓谷の小さな家とコーヒー園と馬車と馬
を買ったが、宮崎にいた父親の訃報が届いた。

　6．1898年、蝦夷からアメリカへの放浪の旅（odyssey）
をA Japanese Robinson Crusoeと題して出版した。1898
年Howard大学からPh.D.を得たあと帰国の途についた。

　7．帰国後、仙台出身の石川菊代と結婚し、しばらく横

浜の紅葉坂教会に勤務したあと、北海道の洞爺湖に近い
虻田村（現虻田町）に移住し、社団法人北海道土人救護
会を創立。わが国で初のアイヌ人のための実業学校を設
立した。掘立小屋に居住して原野を開墾し、自給自足の
耐乏生活を送りながら、年来の希望であったアイヌ人教
育の実践を始めた。全北海道からアイヌ人子弟を集めて
教えた。妻の菊代は畑仕事や養鶏や針仕事で夫を支えた。

8. 虻田村で10年暮らしたあと、1909年、アイヌ実業
学校が国に移管されたのを機会に東京府品川区に移り、
三人の子供をかかえて一家を構えた。1919年（52歳）、
陸軍省の通訳官に採用され、シベリアの奥地、蒙古のチ
タへ派遣された。全一郎は史跡調査という名目で、司令
部の許可を得て、チチハルの近くにある成吉思汗ゆかり
の古城や、外蒙古のアゲンスコイにあるラマ廟なども視
察した。2年間の外地勤務を終えて1921年に帰国。陸軍
省の推薦で陸軍大学教授に招へいされたが、断った。

9. アメリカの大学の学位をもち、英語も堪能であっ
たから、日本では栄光の道が開かれていたであろうが、
それを選ばず、1923年、年来の願望であった『成吉思汗
（ジンギスカン）は義経なり』400字380枚、12章を完成、
口絵写真15頁つきを厚生閣から出版、10数版を重ねた。
全一郎は反対説を反駁するために『成吉思汗は源義経な
り・著述の動機と再論』を出版、これも反響が大きく
10数版が売れた。これを機に文筆家をめざし、厚生閣
から『日本および日本国民の起源』1929、『静御前の生

涯』1930、『満州と源九郎義経』1933、『純日本婦人の俤』1938 を出した。

10. 『純日本婦人の俤』は清貧に甘んじて全一郎を支えた糟糠の妻（faithful wife, treue Frau）が1938年に病没したときに哀悼の意をこめて書かれた。菊代は仙台藩士族の出で、品位にみちた、美しい容姿の、日常、英文のバイブルを読んでいた教養ある婦人だった。菊代の告別式はキリスト教式と仏式で、二回行われた。『静御前の生涯』は義経の側室といわれた静を愛慕し、完璧な理想の女人像として描いている。1929年に私費を投じて公園（茨城県古河市中田か）に「義経招魂碑」を建立。生前、静御前の菩提寺である光了寺の墓地に自分の墓を建てた。老後の数年間は安静静謐（せいひつ、safe and quiet）な生活を送り、1941年3月12日、心不全で急逝、知性の冒険家ともいうべき75年の生涯を閉じた。家族が朝食のために書斎のベッドへ起こしに行ったとき、やすらかな寝顔で息絶えていた。

原 著Jenichiro Oyabe: A Japanese Robinson Crusoe（Boston, The Pilgrim Press, Chicago, 1898. 219 pages）の読後感を補足する。パスポートをもたずにロシア領に入るなど無謀だが、千島列島（クリル諸島）を北上してペトロパヴロフスクに至る日々は、死との戦いであった。ギリシア語やラテン語も学んだ。マウイ島の自宅を召使いのFridayに与え、1897年10月14日ホノルル発で日本への帰国の途についた（29歳）。

Japan Railways（日本鉄道）1987年に日本国鉄（Japan National Railways）が民営化された。JRの略字はJとRが絡み合い、シャレたつもりらしいが、不快な形だ。英国国鉄BR（=British Railways）、ドイツ国鉄DB（=Deutsche Bundesbahn）、フランス国鉄SNCF（=Société nationale des chemins de fer）の略字は、きれいな形をしている。

Jespersen（ゲストブックの詩）

Otto Jespersen（オットー・イェスペルセン、1860-1943）はコペンハーゲン大学英語学教授であった。イェスペルセンは、15年間秘書を務めてくれた助手のNiels Haislund（ニルス・ハイスロン；1909-1969）の家に招待されたとき、ゲストブックに次の詩を書いた（1939）。

La vie est brève! ［×］［´］［×］［´］ 人生は短い！
un peu espoir, ［×］［´］［×］［´］ 少しの希望と
un peu de rêve ［×］［´］［×］［´］ 少しの夢がある。
et puis bonsoir! ［×］［´］［×］［´］ 楽しい晩を！
弱強弱強で、brève-rêve, espoir-bonsoir が脚韻。
次の詩は、これをもじったように見える。詠み人不明。
La vie est vaine! ［×］［´］［×］［´］ 人生は空しい！
un peu d'amour, ［×］［´］［×］［´］ 少しの愛と
un peu de haine ［×］［´］［×］［´］ 少しの憎しみと
et puis bonjour! ［×］［´］［×］［´］ 今日の幸運を。
弱強弱強。vaine-haine, amour-bonjour が脚韻。
早稲田大学名誉教授森田貞雄先生の退職記念号より。

June bride（ジューン・ブライド）

　6月は結婚のシーズン。ジューンはローマの女神ユーノーから来ている。彼女はローマの最高神であるユピテルの妻で、結婚を司る。だから6月に花嫁は女神の祝福を受けた幸福な花嫁になれるというわけだ。

　ブライド、ブライダル・セットなど、結婚の主役は花嫁のほうにあるらしい。花婿のブライドグルームは、少なくとも、日本の言語生活の中では、知名度が低い。

　昔は「あいびき」とか、「ランデブー」というフランス語を使ったが、今はデートが普通だ。デートは「約束の」日時の意味である。ラテン語dataは「与えられた」の意味で、「資料」の意味もある。デートの費用は折半で、デートの帰りは、男性が女性を家まで送り届けるのがエチケットだそうだが、このエチケットは、フランス語étiquetteで、もと、「小さな札」の意味だった。それに書き込んだ礼儀作法を指すようになり、書き込まれた中身の「礼儀作法」の意味となった。語頭のe-が落ちてチケット（ticket）が「切符」の意味になった。ニール・セダカのone-way ticketという歌が「恋の片道切符」の名訳を得て、大いに流行した。チケットもエチケットももとは英語stick「貼る」だった。杖の意味で日本語の「ステッキ」に借用された。

　bridalの-alはnational（国民の）、やnatural（自然の）の-alと異なり、brideの形容詞ではなく、bride-ale「花嫁の宴会、結婚の宴会」のaleである。

Kamaishi（釜石線）宮沢賢治が愛した岩手軽便鉄道が釜石線として再生した。全線開通は1950年である。銀河ドリームライン駅名のエスペラント愛称が、1995年JR東日本企画、佐藤勝一監修で作成された。

［エスペラント語の発音注意：ĉ［tʃ］, c［ts］, ŝ［ʃ］, ĝ［dʒ］, jaヤ, joヨ；-jは名詞の複数；名詞は-o, 形容詞は-aに終わる。エスペラント語の単語は、フランス語かドイツ語を連想できることが多い］

①花巻Ĉielarkoチエラルコ「虹」cf. ﬀ arc-en-ciel. 花巻駅前再開発計画、レインボー計画；②似内La Marbordo「海岸」イギリス海岸の最寄駅；③新花巻Stelaro「星座」新幹線への乗換駅、銀河ステーション；④小山田Luna Nokto「月夜」月夜の電信柱；⑤土沢Brila Rivero「光る川」近くの沢が石川；⑥晴山Ĉeriz-arbojチェリズ・アルボイ「桜並木」；⑦岩根橋Fervojpontoフェルヴォイポント「鉄道橋」銀河鉄道の鉄道橋；⑧宮守Galaksia Kajoカヨ「銀河プラットホーム」童話からのイメージ；⑨柏木平Glanojグラノイ「ドングリ」童話「ドングリと山猫」；⑩鱒沢Lakta Vojoヴォヨ「天の川」近くに川原あり；⑪荒谷前Akvorado「水車」；⑫岩手二日町Farmista Domo「農家」；⑬綾織Teksilo「機織り機」天女が舞い降りて機を織るイメージ；⑭遠野Folkloro；⑮青笹Kapao「河童」の里；⑯岩手上郷Cervodancoツェルヴォダンツォ「鹿踊り」；⑰平倉Monta Dio「山の神」；⑱足ヶ瀬Montopasejoモントパセヨ「峠」仙人峠、銀河

93

の峠；⑲上有住 Kaverno「洞窟」滝観洞；⑳陸中大橋 Minajo ミナジョ「鉱石」釜石鉱山の駅；㉑洞泉 Cervoj ツェルヴォイ「鹿」複数。五葉山の鹿；㉒松倉 La Suda Kruco クルツォ「南十字星」釜石の南の駅。童話からのイメージ；㉓小佐野 Verda Vento「緑風」緑木が多い；㉔釜石 La Oceano オツェアノ「大洋、大平洋」；㉕両石 Fiŝhaveno フィシュハヴェノ「漁港」小さな漁港；㉖鵜住居 Plaĵo プラジョ「砂浜」根浜海岸；㉗大槌 Lumoturo「灯台」駅前に灯台あり；㉘吉里吉里（井上ひさしの小説）Reĝolando レジョランド「王国」；㉙浪板海岸 Ondokrestoj オンドクレストイ「波頭」

Kamo no Chōmei（鴨長明、1155-1216）歌人。『方丈記』（1212）Notes from My Ten Foot Square Hut. 晩年に方丈（3m×3m）の小屋を作り、隠居生活を送りながら、歌を詠んだ。ゆく河の流れは絶えずして、しかももとの水にあらず。よどみに浮かぶうたかたは、かつ消え、かつ結びて、久しくとどまりたるためしなし。世の中にある人と栖（すみか）と、またかくのごとし。The river flows ceaselessly. And yet, the water is never the same. Bubbles on stagnation vanish and combine. They never remain the same. Such is man and his home in this world.

Kaneko『金子みすゞ全集』全三巻512篇。矢崎節夫編。Jula 出版局1982。童謡詩人（1903-1930）。西條八十が賞賛。私が両手をひろげても、お空はちっとも飛べないが、飛べる小鳥は私のように、地面（じべた）を速く（はやく）は走れない。

Kennedy, Carolyne（55歳）John F.Kennedyの長女。2013年9月、アメリカ駐日大使就任。娘2人、息子1人。夫は会社経営。2017年1月20日、トランプ大統領に政権交代したため、日本人に惜しまれて帰国した。

Kennedy, John F.（1917-1963）大統領就任講演（1961）国が何をしてくれるかではなく、あなたが国のために何ができるかを考えてほしい。Ask not what your country can do for you; ask what you can do for your country.

Kimigayo（君が代 'your life'）B.H.Chamberlain英訳

A thousand years of happy life be thine!

Live on, Our lord, till what are pebbles now,

By ages united, to great rocks shall grow,

Whose venerable sides the moss doth line.

脚韻abca. 1,2,4行は弱強5歩格（iambic pentameter）。3行目unitedを 'nited とできれば弱強5歩格となる。

kin'en（禁煙）1998年9月1日モスクワ・成田間のアエロフロートのアナウンスが「キネンのサインがつきました」と言った。「キン」のあとの声門閉鎖がむずかしいらしい。同様に「婚約」が「こんにゃく」になる。Yotsuya（四谷）を知らないアメリカ人は［ヤット・スーヤ］と発音する。英語の語中に［ts］の音はないからだ。catsなど語末にはあるが。1974年、私がサラマンカ大学に留学中、スペイン政府の奨学金振込にTadao Shimomiyaが Tadeos Himomiya と書いてあった。shの綴りはスペイン語にはない。Tadeosは聖書の12人の使徒の一人。

95

King and Servant （王様と召使）中島敦著。

太平洋のパラオ諸島の一つにオルワンガル島という島があった。この島にルバック、これは王様とか長老という意味だが、と、その召使がいた。召使は朝から夜までヤシの実とり、魚とり、ルバックの家の修繕、洗濯、ありとあらゆる仕事を、一人でしなければならなかった。

ルバックは正妻のほかに大勢の妻をもっていた。食事はブタの丸焼き、パンの実、マンゴーのご馳走だった。召使の食事は魚の骨やアラ、イモの尻尾であった。夜はルバックの物置小屋で、石のようになって眠った。

ある夜、召使は夢を見た。自分はルバックになって、大勢の女に囲まれて、ご馳走を食べていた。そして、自分に仕える召使を見ると、それはルバックだった。翌日目を覚ますと、やはり、自分は、もとの召使だった。

次の夜も、次の夜も同じ夢を見た。夢の中とはいえ、毎日ご馳走を食べているうちに召使はルバックのようになった。逆に魚の骨やアラばかり食べていたルバックはすっかり痩せてしまった。ルバックが自分にかしずくさまを見て召使はとても愉快だった。夢と現実の逆転か。

三か月たったとき、ルバックは召使に理由を尋ねた。召使は自信たっぷりに夢の内容を語った。

この島は80年ほど前に、ある日、突然、住民もろとも沈んでしまった。

中島敦（1909-42）は東大国文科卒。1941年パラオ南洋庁国語教科書編集書記として赴任し、民話を収集した。

Kirikiri（吉里吉里人）井上ひさしの小説（1981）。岩手県釜石線に吉里吉里という人口4,200人の村がある。独立の王国で、独自の貨幣、政府、大学、病院、飛行場があり、外国と自由に貿易を行ない、自給自足の理想郷として描かれている。エスペラント語でReĝolandoという。Reĝo［王］はラテン系（ラテン語rēx、語幹rēg-、フランス語roi）、lando［国］はゲルマン系（英land，ドLand）。

Kokoro（こころ）夏目漱石の小説（1914）。

　私は鎌倉の海岸で先生と知り合った。私は、いつも先生と呼んでいた。先生は私との間に一定の距離を置こうとしていた。先生は人間というものを信じていないことに気づいた。先生の人生から何かを学びたいと思っていたので、過去に何があったのかを聞き出そうとしたが、先生は時期が来たら話しましょう、と答えただけだった。

　大学を卒業して、私は田舎へ帰った。病床の父が危篤の日、先生から手紙が届いた。その手紙には、先生の過去と自殺を決意したことが書かれていた。大学時代、先生は下宿のお嬢さんに好意を寄せていた。先生は同じ下宿に同居している親友のKから、同じお嬢さんに激しく恋していることを告白された。それを聞いて、先生はKを出しぬいてお嬢さんと婚約した。それを知って、Kは自殺してしまった。その後、先生はお嬢さんと結婚することができた。しかし、それ以来、先生は、ずっと罪の意識にさいなまれて生きてきた。自殺を決意した先生は私との約束を守るために、長い手紙を書き残したのだ。

Language（言語）

　言語（language）は音声［ringo］または文字「リンゴ」のような記号の体系である。人は言語によって伝達（コミュニケーション）を行なう。

　言語には（1）言語一般、人間言語をさす場合と、（2）日本語、英語のように個別言語をさす場合がある。日本語と英語は（1）も（2）も同じであるが、フランス語は両者を区別して、（1）を langage（ランガージュ）、（2）を langue（ラング）と言う。langue は女性名詞、langage は男性名詞で、langage はラテン語 linguaticum「言語的なもの」からきている。ラテン語 lingua は「言語」「舌」の両義あり、「舌」は言語発声に重要な役割を演じる。英語 tongue も「舌」と「言語」の両義があり、mother tongue「母語、母国語」に見られる。

　［ringo］は音声記号であるが、「りんご」「リンゴ」「林檎」は文字記号である。この記号の体系は社会の習慣によって（つまり言語によって）異なる。英語では［æpl］が音声記号、apple, Apple, APPLE が文字記号となる。

　人間言語の特徴。人間の言語が動物の言語と異なる点は次の二点である。（1）言語の記号を構成する音声と、それが意味するもの（言語記号の意味）との間には、必然的な関係がない。赤くまるい果物を日本語では［ringo］と発音し、「りんご」と書くが、この物体と名称の間には、なんの動機性もない。それゆえに、日本語では「りんご」といい、英語では apple［アップル］、フ

ランス語ではpomme［ポム］、スペイン語ではmanzana［マンサナ］という。この相違は社会習慣の相違による。

（2）「これはりんごです」という文の「りんご」の代わりに「みかん」「なし」「本」「単語」を入れると、別の文になる。このように文を単語に分けることができる。以上を第一次分節（first articulation）という。

次に、「りんご」を「れんご」（連語）、「ろんご」（論語）のように母音を変えると、別の単語になる。また、「これ」koreの語頭の子音を変えて「それ」sore、「どれ」dore、「のれ」nore（乗れ）とすると、別の単語になる。このように単語を音の単位に分けることができる。この音の単位を音素（phoneme）という。「これ」は1語、2音節、4個の音素k-o-r-eからなる。単語を音素に分けることを第二次分節（second articulation）という。

このように、20 〜 40個の音素（その数は言語によって異なる）を組み合わせて形態素（morpheme：意味をもつ最小の単位）を作る。「先生たち」は「先生」と「たち」の2個の単語（形態素）に分けられる。teachersはteach-er-sに分けて、「教える」「人」「たち」の3個の形態素に分けられる。このように、形態素を組み合わせて単語を作り、単語を組み合わせて、文を無限につくることができる。フランスの言語学者アンドレ・マルティネ（André Martinet, 1908-1999）は、1949年、この人間言語の特性を言語の二重文節（double articulation）と呼んだ。

音声言語と文字言語。音声があって文字をもたない言語はある（アイヌ語もそうだった）が、文字があって音声をもたない言語は存在しない（ラテン語のような死語は除く）。音声言語は、話し手の表情や身ぶりを伴うので、文字言語よりも情報価値が高い場合がある。しかし、ラテン語のことわざ「言葉は飛んでしまうが、書き物は残る」（verba volant, scripta manent）にあるように、文字言語は保存性・証拠性の点で、より便利である（録音機のない場合）。また外国語の学習者にとっては、文字言語のほうが理解しやすいこともある。文字言語は一般に保守的で、音声言語との間に差が生じる。「きょうはどちらへおでかけですか」と書かれるが、発音は「きょうわ」「どちらえ」となる。英語の文字と発音の相違（不一致）は、特に有名である。たとえばenoughのghの発音［f］、womenのoの発音［i］、nationのtiの発音［ʃ］からgh-o-ti（ghoti）の発音が［fiʃ］となる。これは文字と発音が一致しない極端な例である。

言語の機能。言語の機能は、まず第一に伝達（コミュニケーション）であるが、それは、話し手（speaker）の表現行為（encoding, コードに入れること）と聞き手（hearer）の理解行為（decoding、コードを解くこと）からなる。「きょうはどちらへお出かけですか」という話し手に、「子供の授業参観がありますの」という聞き手の反応があれば、伝達が効果を生じたことになる。「そんなこと余計なお世話だ」と返事が来ないこともあ

る。また、言語がアイデンティティ（身分証明）の基準
となることもある。「われは日本人なり。日本語を話
す」。あるいは、アラビア語に堪能なアメリカの女性記
者が、アラビア語をあやつり、包囲されたイラクからま
んまと脱出したなど、この例である。言語は、また、遊
びの道具という機能もある。しりとり、だじゃれ、回文
（たけやぶやけた、のように前から読んでも、うしろか
ら読んでも同じ文）、なぞなぞ、もじり（parody, p.143）
「光は東方より、ぜいたくは西方より」などもある。

　ラングとパロール（langue and parole）辞書に登録さ
れている日本語も「言語」だが、私たちが日常に用いる
日本語も「言語」である。後者は「日本語」という全体
像の一部である。これをスイスの言語学者ソシュール
（Ferdinand de Saussure, 1857-1913）はラング（言語）
とパロール（言）と呼んだ。ラングは全体的・社会的・
恒常的・潜在的であるのに対して、パロールは部分的・
個人的・臨時的・潜在的である。言語学が扱うのはラン
グである（ソシュール）が、最近はパロールの研究も盛
んである。

　言語の変異。言語と一口にいっても、同じ日本語であ
りながら、文書では「私の妻」が会話では「うちの家
内」となったり、話し相手によっては「おれんちのや
つ」となったりする。一つの言語が、第1図のように、
①地理的（geographical）方言、②社会的（social）方
言、③話の場面による（situational, phatic）差異、とい

101

う三つの軸からなる立方体系（diasystem）を作る（第1図）。

地理的な方言：日本語には、東京方言、関西方言、琉球方言（琉球語）がある。英語にはイギリス英語、アメリカ英語、オーストラリア英語、インド英語；ドイツ語には高地ドイツ語（High German標準語）、低地ドイツ語（Low German：オランダ語に近い）；パリのフランス語（標準語）と南フランス語（プロヴァンス語）がある。

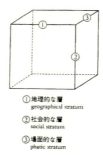

① 地理的な層
  geographical stratum
② 社会的な層
  social stratum
③ 場面的な層
  phatic stratum

第1図：言語の立方体系

社会的な方言（social dialects）は上流階級の言語、下層階級の言語、職業語、学生語などをさす。

話の場面による差異（situational, phatic variants）は文語、口語、手紙、舞台などによる差異をさす。

言語の構造（structure of language）。一言語は、テキストから音素までの、大小9種の単位（units）からなる構造を持っている。1. テキスト、2. 段落（パラグラフ）、3. 完結文（ピリオド）、4. 文（センテンス）、5.

節（クローズ）、6. 句（フレーズ）、7. 語（ワード）、8. 形態素（モーフィーム）、9. 音素（フォウニーム）。9. が言語の最小の単位。

例を英語で示す。They are teachers.（彼らは先生である）は1. 2. 3. 4. 5. が同じで、1個。7. 語が3語。8. 形態素がteach-er-s（教える・人・たち）で3個。9. teach（教える）の音素はt-ea-chで3個。tをbeach, each（子音ゼロ）、reachに変えると別の語になるので、tは意味の相違を表す最小の単位となる。

言語の最小の単位である音素（phoneme）について見る。母音の音素にはi, a, uの3個（アラビア語、タガログ語）、i, e, a, o, uの5個（日本語、スペイン語）、i, e, a, o, u, ü, öの7個（フィンランド語：iの円唇ü, eの円唇ö）、i-e, ü-ö, ɪ-a, u-oの8個（トルコ語）などの型がある。フィンランド語やトルコ語は母音調和（vowel harmony）の規則があり、1語の中に異質の母音を許さない。フィンランド語：Tokyo-ssa（東京にて）、Helsingi- ssä（ヘルシンキにて）。トルコ語ev（家）の複数はev-lerだが、kitap（本）の複数はkitap-larとなる。

子音音素は次頁のように11～12個を基本にしている。

アクセントも意味を区別するので、音素となる。

オ／カ＼シ（カにアクセント↗：低高低）お菓子

オ／カ ̄シ（カシにアクセント：低高高）お貸し

オ＼カシ（オにアクセント：高低低）岡氏

母音音素と子音音素を組み合わせて形態素を作る。音

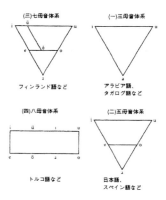

第2図：種々の母音体系

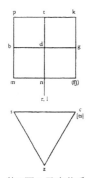

第3図：子音体系

声言語［buk］文字言語bookの複数［buk-s］文字言語book-sは2個の形態素からなる。この上全体にアクセン

トがかぶせられて音声言語として実現される。「お」という形態素と「菓子」という形態素が結びついて「お菓子」という1語を形成する。「岡氏の持ってきたお菓子をお貸し」のように「お菓子」という語に主語、修飾語、動詞などが加えられて文となる。形態素も語も文も、線状（linearity）をなしている。この線状性は言語の特性の一つである。文法構造は、多くの場合、階層構造（hierarchical structure）をなしている。「岡氏の持ってきたお菓子をお貸し」という文の各要素のかかり具合と、「これは岡氏がくれたお菓子です」という文を分析すると、第4図（次頁）のようになる。

「彼は月曜日に来る」という文において、言語の単位「彼」「は」「月曜日」「に」「来る」は隣り合わせに並んでいる。これを言語単位が統合関係（syntagmatic relation）にあるという。一方、「彼」の代わりに「彼女」「先生」「友人」「私」「君」などを置き換えても文が成立するので、その場合、彼・彼女・先生・友人・私・君は系合関係（paradigmatic relation）にあるという。このことは音素や形態素についてもあてはまる。同じように月曜日・火曜日・水曜日などは系合関係にあり、来る・行く・帰る・働くなども系合関係にある。

　単語の結びつき。英語はcold water, cold winterのようにcoldは「水」とも「冬」とも結びつくが、日本語では「冷たい」と「寒い」の形容詞を使い分けねばならない。これは、英語のcoldが日本語の「冷たい」と

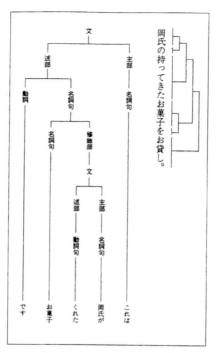

第4図:線状構造と階層構造

「寒い」の両方をカバーしていることになる。この場合、英語のcoldは意味の領域が日本語の場合より広いことになる。同様に、日本語では「ご飯を食べる」「スープを飲む」と動詞を使い分けるのに、英語ではeat rice, eat soupのように両方ともeatを使う。eatの領域が広い。

言語と社会（language and society）。言語は社会的な制度である。「りんご」という言葉は日本という言語社会で通用するが、英語の社会（言語共同体）では「アップル」といわねばならない。同様にフランス語の社会では「ポム」という。同じ日本の中でも、地方によって言葉が違うことがある。「薬指」は、薬をつけるときに使うことから、こう呼ばれるのだが、方言によって「名なし指」「紅さし指」などともいう。これは地域方言であるための相違である。「おはよう」「おはようございます」は、相手が家族・友人・先輩・先生によって異なる社会方言の例である。

　文化や政治の中心地には標準語が発達して地方に広がり、地域方言を圧迫することが生じる。このことから、古い言語形式が、地方の辺境に残ることがある。

　日本は実質的には一言語社会であるが、一つの国に二つ以上の言語が行われる場合は、二言語併用、三言語併用などが起こる。スイスのドイツ語とフランス語とイタリア語、ベルギーのフランス語とオランダ語はよく知られた例である。カナダには英語圏とフランス語圏がある。旧ソ連ではロシア語と民族語（グルジア語、アルメニア語、アゼルバイジャン語など）の二言語併用（bilingualism）が日常的であった。インドでは、公式に憲法が認める言語だけでも15もある。国内に数か国語が行われる場合、その国家で正式の国語として認められている言語を公用語（official language）という。上記

のスイスの公用語はドイツ語・フランス語・イタリア語・レトロマン語の四言語である。

　国際化がますます進む現代においては、母国語（mother tongue）のほかに、国際的に通用する言語を第二言語として習得すると便利である。そのような国際語として有力な言語は、英語のほかに、フランス語、ドイツ語、スペイン語、ロシア語などである。

　国際理解と親善の目的で作られた人工語（artificial language）もある。人工語の試みは300以上もあるが、そのうち最も成功しているのは、1887年ポーランドの眼科医ザメンホフ（L.L.Zamenhof）が創造したエスペラント（Esperanto、希望する者の意味）である。-antoは「…する人」の語尾で、英語のassistantの-antにあたる。

　言語と社会の関係を扱う学問は社会言語学（sociolinguistics）で、1960年代以後、非常に盛んである。女性語、敬語、クレオール語なども社会言語学のテーマとなる。クレオールは「白人と土着民の間の子供」をさす。クレオール語はピジン語（pidgin＜business）とも言い、植民者と土着民の言語が混ざり合った言語である。ハワイのhaus moni（＝money house）「銀行」、ハイチのli vini（he comes）はliもviniもフランス語起源だが、人称変化しない。

　言語と文化（language and culture）。言語は文学・神話・伝説・宗教などとともに精神文化に属し、衣食住・建築・芸術などの物質文化に対する。言語は文化の表現

者である（Language is the bearer of culture）。ドイツ語ではKulturträger（'culture-bearer'）という。

　日本語では1月、2月、3月、4月のように月名は「第何月」というが、英語（ドイツ語やフランス語も）のJanuary, February, March, April…はローマの神や皇帝の名に由来する語を用いる。9月以後は2か月ずれてSeptember（7番目の月）、October（8番目の月）のようにいう。日曜日、月曜日、火曜日…をポルトガル語ではdomingo（主の日）、segunda-feira（第二日）、terça-feira（第三日）…という。中国語では月曜日が「第一日」、火曜日が「第二日」…土曜日が「第六日」となる。ロシア語では日曜日「復活」、月曜日「休日のあとの日」、火曜日「第二日」、水曜日「中間日」、木曜日「第四日」、金曜日「第五日」、土曜日「安息日」という。日本語では「朝食」というが、英語のbreakfastは「断食を破ること」の意味である。

　言語の変化（change of language）。万物は流転する（pánta rheî. パンタ・レイ）はギリシアのヘラクレイトスの言葉である。言語も例外ではない。言語は時代とともに変化するが、その速度は緩慢で、話し手が気づかないうちに、一世代あるいは数百年の間に起こる。変化は音韻、形態、統辞、語彙にわたる。

　日本語の音韻変化の例をあげると、奈良時代にあったkötö「事、言」、kötö「琴」、kökörö「心」、kökönö「九」などのオ乙類は消失し、kuro「黒」、sora「空」、sato「里」、

109

fato「鳩」などのオ甲類と同じになった。öはドイツ語のöと同様、半狭前舌円唇母音である（Goethe ゲーテの oe の短い音）。また、イ音便 tugite → tuide「次いで」、ウ音便 osofite → osoute「襲うて」、促音便 arite → atte「あって」などが生じた。kw → k の結果、kwashi → kashi「菓子」となり、「歌詞」と同音異語になった。文法の領域では、ラ行変格活用・四段活用・ナ行変格活用が四段活用に合流した。意味変化：「貴様」は身分の高い「尊いあなた様」だったが、いまは卑称（pejorative）である。

　英語の歴史をみると、冠詞・名詞・形容詞の主格・目的格の区別がなくなり、the man が［男は］「男に」「男を」のいずれにも用いられるようになった。その意味は文中の位置（語順）によって決定される。また、古代英語にあった4種類の動詞活用語尾も三人称単数の-sだけになった。古代英語の beorg「山」、ēa「川」、blōstma「花」が用いられなくなり、フランス語からの mountain, river, flower が用いられ、blōstma は blossom となった。

　言語の分類（classification of languages）。世界の言語は約6,000個あるといわれる。その分類法は系統的（genealogical）、地理的（geographical）、類型的（typological）の三種類がある。最も普通の科学的なものは、系統的分類である。系統が不明の場合は地理的分類が行われる。

　日本語の系統は、まだ確定的なことは知られていない。地理的には東アジアの言語で、類型的には膠着（agglutinative）語に入れられる。「わたくしたちの」は「わたくし・たち・の」のように、ニカワでくっつけたように、つなげられるが、英語はourの1語で、分析することができない。英語は、系統的にはゲルマン語派に属し、それは、さらに、インド・ヨーロッパ語族に属する。地理的にはヨーロッパの言語であり、類型的には屈折語（inflectional language）である。系統的分類は、次項の「世界の言語」で述べる。

　地理的分類は、系統的な分類が確定しない場合に行われる。アメリカインディアンの言語（アメリカインディアン諸語）は、ヨーロッパ人が到着する以前は、大小約2,000と推定される。これらは、便宜的に、北米インディアン、中米インディオ、南米インディオの三群に分類される。インディオはスペイン語の形である。「言語の山」と呼ばれたコーカサス地方には約40の言語（総人口500万）が行われ、スラヴ系ともチュルク系とも異なる孤立した言語群であるが、これも西コーカサス、東コーカサス、南コーカサスの三つのグループに分類される。南コーカサス諸語の中に使用人口330万のグルジア語が入っている。これら三者が一語族を構成するか否かは確定していない。

　類型的分類のうち有名なものは19世紀のドイツの言語学者シュレーゲルFriedrich SchlegelおよびフンボルトWilhelm von Humboldtの、次の四つの型である。

（1）孤立型（isolating type）。語は実質的意味のみを

示し、文法的機能は語の位置によって示される。中国語「我愛你」（ウォーアイニー）は「私はあなたを愛します」、「你愛我」（ニーアイウォー）は「あなたは私を愛します」の意味で、「は」とか「を」は「我」とか「你」の位置で決まる。英語の The boy loves the girl.（少年は少女を愛する）、The girl loves the boy.（少女は少年を愛する）も、語順で主語や目的語が示されるので、孤立語の要素が見られる。

　(2)　膠着型（agglutinating type）。膠着は「ニカワでくっつけるように」の意味である。日本語「わたくし・たち・の」で示したが、トルコ語がその典型で、ev「家」から ev-ler「家々」、ev-in「家の」、ev-ler-in「家々の」が作られ、sev「愛する」から sev-mek「愛すること」、sev-me-mek「愛さないこと」、sev-il-mek「愛されること」が作られる。「私は愛する」は sev-iyor-um という。(i) yor は現在、um は私。

　(3)　屈折型（inflecting type）。ラテン語やギリシア語のようなインド・ヨーロッパ語族がその好例である。ラテン語 puer puellam amat（少年は少女を愛する）において、puer「少年は」puellam「少女を」amat「愛する」のように、puer は主語、puellam は目的語を表す。語形が格変化を示している。ama-t の -t は 3 人称単数の語尾である。これに反して、英語は the boy や the girl は動詞の前にあるか後にあるかによって主語か目的語を示す。

　(4)　抱合型（polysynthetic or incorporating type）。文を構成するすべての要素が結合して一つながりになり、

文全体が一語のように見える。北極圏にあるグリーンランド語kavfiliorniarumagaluarpunga（私は喜んでコーヒーを作りましょう）は、基本語kavfi（発音kaffiコーヒー）に-lior（作る）、-niar（するつもりである）、-umagaluar（喜んで…しましょう）、-punga（1人称単数の語尾）をつけたもので、1語が1文をなしている。この文はデンマークの言語学者Louis Hjelmslev（イエルムスレウ）の『言語学入門』（原著1963；日本語訳1968）の中の例である。

　一般的に、中国語は孤立型、アルタイ語・ウラル語は膠着型、アメリカインディアン語は抱合型に属する。しかしこの型が、そのまま、あてはまる言語は、ほとんどなく、たいていは、混合型を示している。たとえば、日本語は、上掲のように、「私」→「私は」「私の」「私を」「私たち」「私たちの」のように膠着型の言語であるといわれているが、「書く」の変化形kak-u, kak-a, kak-i, kak-eは屈折型を示しており、英語のsing, sang, sungやman→men, foot→feetは屈折的であるが、play→played, played, work→worked, worked, boy→boys, book→booksは膠着的である。Many people come（人が大勢来る）は中国語のような孤立型を示している。

　シュレーゲルは屈折語をさらに分析的言語（analytic language）と総合的言語（synthetic language）に分けた。英語He will have come.（彼は来てしまっているだろう）とラテン語vēnerit（同じ意味）を比べると、英語

113

は「彼は」「だろう」「しまって」「来る」主語・未来・完了・来るの4者が別々に表現されているので分析的であるが、ラテン語は4個の概念が1語の中に表現されているので総合的であるという。

世界の言語（languages of the world）。世界の言語の総数は、1960年代までは、約3,000といわれてきたが、最近は6,000といわれている。そのうち3,000は、21世紀中に死滅するといわれている。言語の数は、方言とみるか一言語とみるかによっても異なる。琉球のことばは日本語の方言なのか琉球語なのか。英語と米語は一つと数えるのか、別々に数えるのか。ホンコンの人々は北京語のテレビを字幕で理解しているが、中国語は一言語なのか、五方言を独立の言語と解して、五言語なのか。アフリカのバントゥー諸語（Bantu）の数は専門家により350から700と異なる。

以下に、主要な語族と言語と人口を掲げる。

インド・ヨーロッパ語族（印欧語族、Indo-European）：150言語、20億人。そのうち、インド・イラン語派（サンスクリット語、ヒンディー語、ペルシア語など）6億人、ゲルマン語派（英語、ドイツ語、オランダ語、デンマーク語など）5億人、ロマンス語派（フランス語、スペイン語、ポルトガル語、イタリア語、ルーマニア語など）4億人、スラヴ語派（ロシア語、ポーランド語、チェコ語、セルビア語、ブルガリア語など）3億人。ほかにケルト語派（アイルランド語、

ウェールズ語、ブルトン語など）、ギリシア語、アルバニア語、アルメニア語がある。死語（dead language）のラテン語、サンスクリット語、ヒッタイト語、トカラ語などがある。インド・ヨーロッパ語族のうち、比較言語学で重要なのはサンスクリット語、ギリシア語、ラテン語である。インド・ヨーロッパ語族は書記文献が古くから豊富にあり（ヒッタイト語は紀元前1700年より）、使用人口の点でも、世界最大の語族である。

シナ・チベット語族（Sino-Tibetan）：30言語、11.1億人。中国語10億人、タイ語5,000万人、チベット・ビルマ諸語1.1億人。

オーストロネシア語族（Austronesian）：500言語、2億人。うち、インドネシア語1.5億人。

アフリカ諸語（African）：680言語。バントゥー諸語1億人。これは部分的に次項と重複する

アフロ・アジア語族Afro-Asian（セム語族・ハム諸語）：20言語、1.3億人。うちアラビア語8,000万人、ほかにヘブライ語300万人。

ドラビダ語族（Dravidian）：20言語、1.4億人。うちタミル語3,800万人。

日本語：1.2億人。

ウラル語族（Uralic）、アルタイ諸語（Altaic）：40言語、1億人。うちウラル語族のハンガリー語1,300万人、フィンランド語500万人。アルタイはトルコ語4,000万人、モンゴル語500万人。

そのほか、朝鮮語5,000万人、モン・クメール語族750万人、コーカサス諸語500万人、アメリカインディアン諸語（26語族）1,200万人、バスク語60万人、エスキモー・アレウト語族8万人、オーストラリア諸語4.7万人。

　言語人口1億以上（第二言語としての話者も含む）の言語は次の12言語である。中国語10億人、英語4.7億人、ヒンディー語（サンスクリット文字）・ウルドゥー語（アラビア文字）3.3億人（この2つは文字が異なるのみ）、ロシア語2.8億人、スペイン語3億人、アラビア語1.5億人、インドネシア語1.5億人、ポルトガル語1.4億人、ベンガル語1.25億人、フランス語1.2億人、日本語1.2億人、ドイツ語1億人。

　グライムズ（Barbara F.Grimes, ed. Ethnologue. Summer Institute of Linguistics. 1996[13]）の5103個の言語の地理的分布を掲げる。そこでは、キプロスはヨーロッパに、旧ソ連はアジアに入れられていた（第5図）。

　世界諸言語の起源（origin of the languages of the world）。イタリアの言語学者トロンベッティ（A. Trombetti）は、言語の一元説（monogenism of language）すなわち、世界の約6,000言語は、もともと一つの言語から分かれてきたことを提唱したが、今日のほとんどの学者は多元説（polygenism）をとっている。ドイツの言語学者マイヤー（G.F.Meier）は50万年前に、すでに400から500の祖語（proto-languages）があった

と推定している（G.F.& B.Meier: Handbuch der Linguistik und Kommunikationswissenschaft, Bd.1, Berlin 1979）。

　研究の最も進んでいるインド・ヨーロッパ語族の場合、その祖語（最古の言語状態）は紀元前5000〜4000年紀に設定され、英語father comes、ラテン語pater venit「父は来る」は、ともに印欧祖語*pətēr gwémeti（パテール・グウェメティ）にさかのぼると考えられる。*は推定形を示す。

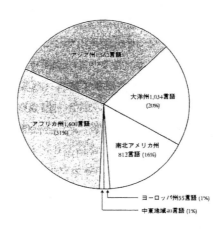

第5図　世界5,103言語の地理的分布
（Barbara Grimesによる）

［参考文献］

Saussure, Ferdinand de（1916、ソシュール）小林英夫訳『一般言
　　語学講義』岩波書店 1972.

Jespersen, Otto（1922、イェスペルセン）市河三喜・神保格訳『言
　　語』岩波書店 1927。

Jespersen（1924, Sprogets logik 1913 を増補）半田一郎訳『文法の
　　原理』岩波書店 1958.

Sapir, Edward（1921、サピア）泉井久之助訳『言語－ことばの研
　　究』紀伊國屋書店 1957.

Bloomfield, Leonard（1933、ブルームフィールド）三宅鴻・日野資
　　純訳『言語』大修館書店 1962.

亀井孝・河野六郎・千野栄一編『言語学大辞典』「世界言語編」全
　　5巻、「術語編」三省堂 1988-1993.「世界言語編」は日本の言語
　　学者200名（累計1036名）が世界の3600言語を記述し、内容の
　　精度は外国にも例がない。The Sanseido Encyclopaedia of
　　Linguistics.

Meillet-Cohen（1924、メイエ・コーアン編）泉井久之助監訳『世
　　界の言語』朝日新聞社 1954.

Martinet, André（1960、マルティネ）三宅徳嘉訳『一般言語学要
　　理』岩波書店 1972.

市河三喜・高津春繁・服部四郎編『世界の言語』（上巻：印欧諸
　　語、下巻：東洋諸語、日本語、アイヌ語を含む）研究社 1952-
　　55.

服部四郎『音声学』岩波書店 1951.

下宮『言語学I』（寺澤芳雄監修『英語学文献解題』第1巻）研究
　　社 1998.〔古典50点の解題と基本文献1,000点〕

下宮『世界の言語と国のハンドブック』大学書林、2000.

（『ブリタニカ国際大百科事典』東京、1995）

Larousse（ラルース・フランス語辞典）

Le Petit Larousse Illustré（en couleurs）. Paris, Larousse, 2005. 1,856pp.（2006年、紀伊国屋洋書部で購入した；6,300円）。広辞苑や英語のC.O.D.やパウルのドイツ語辞典と同様、国民的な辞書である。ラルースの愛される理由は美しい紙と美しい多数のカラー図版である。花や動植物や地図はとても美しく、見るだけでも楽しい。簡単だが語源もある。日本語借用語はbonsaï, geisha, haiku, ikebana, kabuki, kaki（柿）、mousmé（娘）、koto, sumo, sushiなど72語が載っている。mousméは Pierre Loti（1887）やProustの『失われた時を求めて』に出る。

人名・地名が充実。Koizumi Junichiro（1942-）, Miyake Issei（1938-）, Nakasone Yasuhiro（1918-）, Sato Eisaku（1901-1975）, Machida, Matsushima, Tokorozawa など。

辞書の中綴じにLe français dans le monde（世界の中のフランス語）分布図があり、フランス語人口は115 millions

中綴じにLa terre：une planète vivante（地球：生きている惑星）が30頁あり、地球の歴史、気候、汚染、資源の乱開発、絶滅寸前動植物が解説される。

library（個人の書庫）大きければ大きいほど、読書量は少ない。The larger the library is, the less one reads in it.（ラトビアのことわざ）個室の中で、こっそり、昼寝をしたり、お酒を飲んでいることもあるから。

lily of the valley（スズラン）バルザックの『谷間の百合』（Le lis dans la vallée, 1836）は英語と同じ表現だが、ドイツ語の「スズラン」Maiglöckchenは「5月の小さな鈴」の意味である。1999年4月〜9月NHK朝のドラマ「すずらん」は北海道留萌本線恵比島駅を舞台に、主人公の萌の生涯を描いている。萌は1922年11月20日生れ。生後2か月、1923年1月12日、明日萌駅に捨てられていた。アシモイ駅（＝恵比島駅）には、春になると、スズランの花が満開になる。「駅長様、どうかこの子をよろしくお願いします」というメモを見て、駅長は捨て子をわが娘として育てる決心をした。昨年妻に死なれ、すでに三人の子供がいたのだが、亡くなった妻のかわりのような気がした。萌は姉1人、兄2人の妹として、美しく、素直に育った。19歳になったとき、生みの母を探して上京した。食堂で知り合った鉄道技師と1942年に結婚し、息子が生まれた。戦後、1956年に33年ぶりに萌は母と再会することができた。失われた年月を語り合いながら、二人は北海道へ帰る旅をしたが、母は、途中、故郷の青森で亡くなった。

　晩年に思いがけず30億円という遺産を手にしたので、長年の夢だった保育園「すずらん保育園」を建てた。いままでの苦労は、今日の幸福のためにあったのだ。すずらんの花言葉はreturn of happiness（幸福の再来）だ。「小さな駅にも大きなドラマがある。名もなき市井の人にも語り尽くせぬ人生がある」（清水有生）

2011年現在、舞台の中村旅館と駅長宿舎は残っているが戦前に石炭町として栄え、戦後すずらん弁当で賑わった活気は消えて、今は無人駅になっている。原作：清水有生、主演：橋爪功、橘瑠美、遠野凪子（なぎこ）、倍賞千恵子。

man and wife（夫と妻）ピレモン（Philemon）とバウキス（Baucis）という貧しい夫婦がプリュギア（小アジア）に住んでいた。ある日、ゼウスとヘルメスが人間に姿を変えて地上を旅していた。貧しい姿を見て、人間はみな宿を断ったが、ピレモンとバウキスだけは、宿を貸して、粗末だが、心のこもった食事と、ベッドを与えた。翌朝、神々は、お礼に小屋を立派な家にしてやった。そして希望を尋ねると、死ぬときは夫婦一緒に死なせてくださいと答え、夫は樫の木に、妻は菩提樹になった。

manuscript（手で書いたもの、原稿）がタイプライターの発明で、typescriptになった。ワープロ時代になると漢字を忘れても、機械が助けてくれる。だが機械が利口すぎて困ることもある。デンマーク語の前置詞i（'in'）を打つと、I（私）が出る。フランス語dont（'whose, of which'）を打つとdon'tが出る。

mask（マスク）マスクして・損をするひと・得もあり。5・7・5歯医者さんが美人かどうか分からない。

Meiji（明治：'clear government', 1868-1912）明治時代は日本の西欧化の時代である。医学、鉄道、料理など、西洋文明が洪水のように流入し、日本人の生活を豊かにしたが、漱石は「皮相的な上滑り」と揶揄（やゆ）した。

121

Meillet and K.H.Schmidt（メイエとK.H.シュミット）

A.Meillet：Esquisse d'une grammaire comparée de l'arménien classique. Vienne 1936[2] 205pp.（＄3.50）

Karl Horst Schmidt：Studien zur Rekonstruktion des Lautstandes der südkaukasischen Grundsprache.（東洋学論叢xxxiv,3）Wiesbaden 1962. xv, 160pp.

この二人を表題にしたのには、理由がある。A.メイエの『古典アルメニア語比較文法素描』の語彙は語源辞典になっており、K.H.シュミットの『南コーカサス祖語の再構』（1962）も語彙が語源辞典になっている。

アルメニア語文法の語彙はindexe analytique（p.145-205）となっていて、本文で説かれた印欧語との関連が直ちに分かるようになっている。メイエによればアルメニア語における印欧語起源の単語は400である。ełbayr「兄弟」はギリシア語phrātērと似ていないように見えるが印欧語*bhrātērから出て、*bhrのbrが音位転換してrbとなり、rがlに異化（M.Grammont, Dissimilation consonantique, 1895）してlbとなり、これにeが前置してełbayr［eg'bairエフバイル］（g=gh）となった。

Prof.K.H.Schmidt（1929-2013）から筆者はBonnで1966-67年に現代グルジア語を教わった。教科書はチュヘンケリTschenkéliの『グルジア語入門』（Zürich, 1959）で600頁の文法書と600頁のテキスト・語彙からなる2巻本だった。受講者は聖書ギリシア語専門、トルコ語専門のドイツ人、私の3名だった。シュミット先生

は当時　Münster大学教授で片道4時間かけて、隔週で Bonn大学に通勤していた。私は印欧語以外の言語として初めてグルジア語に接したのでボン大学の言語学研究所の図書室にあったグルジア、コーカサス関係の本を夢中で読み漁った。帰国後、『グルジア語の類型論、印欧語との比較』（ドイツ語にて、学習院大学研究叢書4, xi, 248pp.）を出版した。この本は次の6誌で書評を得た。Bedi Kartlisa（パリのグルジア知識人が発行している専門誌で「グルジアの運命」という意味）、Kuhns Zeitschrift, Indogermanische Forschungen, Language, Paideia（イタリアのV.Pisani発行の雑誌）、Zeitschrift für Phonetik und Kommunikationsforschung（東ドイツの言語学総合誌）。1988年10月11日～16日グルジアのトビリシ大学で第2回カルトヴェリ研究シンポジウム（2nd International Symposium of Kartvelian Studies）が開催され、Prof.Schmidtにひさしぶりにお目にかかった。先生はトビリシ大学から名誉博士号を授与された。私はKartvelian and European Languagesを発表した。

　1967年夏学期、ボン大学でシュミット先生は現代ブルトン語入門の授業を行い、私も10名ほどの学生と一緒に参加したが、あまり身につかなかった。講演「印欧諸語の中におけるケルト諸語の位置」（Zur Stellung der keltischen Sprachen im Kreise der indogermanischen Sprachen）は200名もの聴講者があった。このテーマは先生のお得意中のお得意であった。その中で、先生はケ

ルト語研究の四つの必読文献としてJackson（初期ブリテン島の言語と歴史）、Thurneysen（古代アイルランド語文法）、Pedersen（ケルト諸語比較文法）、Lewis-Pedersen（簡約ケルト諸語比較文法）をあげた。

　研究の進んだ今日、ケルト語比較文法を一人で書ける時代ではない、と吉岡治郎氏は言う。私自身、この分野ではいまだに1年生でJulius Pokornyの『古代アイルランド語文法』（ゲッシェン叢書、Berlin 1969^2）が唯一の武器になっている。この本の語彙索引がほしい。

　シュミット先生はケルト語で学位（Dr.phil.）を、コーカサス語で教授資格（Dr.habil.）をとった。この二つは、方法論としては歴史言語学が共通しているが、それ以外はほとんど接点のない領域である。

　K.H.Schmidtの Studien は第1部 Systematik（1-91）と第2部 Index（92-160）から成る。第1部ではコーカサス諸語、言語混合（Sprachmischung、ヨーロッパ諸語にも見られる Substrat, Superstrat, Adstat）の問題、母音体系、子音体系が論じられ、第2部はグルジア語見出し500項目の語源辞典となっている。本書はボン大学のGerhard Deeters（1892-1960）に捧げられている。

　表題にメイエとK.H.シュミットを併記した理由は、言語を学習、あるいは研究する場合、グロッサリーが必須だからだ。私自身は『バスク語入門』（1979）、『ノルウェー語四週間』（1993）、『デンマーク語入門』（2013）、『オランダ語入門』（2017）で実践してきた。

メイエの『印欧諸語比較文法序説』はドイツ語訳を利用している。Einführung in die vergleichende Grammatik der indogermanischen Sprachen, vom Verfasser genehmigte und durchgesehene Übersetzung von Wilhelm Printz, Leipzig und Berlin, B.G.Teubner, 1909, 330pp. 泉井先生（1905-1983）はフランス語版を3冊も買い換えて、ボロボロになるまで繰り返し読み砕いた。そして亡くなったときには4冊目を読んでいた。

　私がこの分野で、いつも、お世話になっているのはゲッシェン文庫のHans Kraheの『印欧言語学』（ベルリン、1948）である。東大の高津先生も教科書に使用した。最初1巻本だったが、その後「序説と音論」「形態論」の2巻本（1958）となり、その後、全面的に改定してMichael Meier-Brügger著（2000）になった。1巻本（1948、240円）は134頁、語索引はない。ハンス・クラーエ（1898-1965）の『印欧言語学』2巻は何度もリプリントされ、活字が磨滅寸前だった。

　Michel Meier-Brügger（ベルリン自由大学比較・印欧言語学正教授）の『印欧言語学』Berlin, 2000. lxxxviii, 293pp. はゲッシェン叢書ではなくStudienbuchという大型の本で、序文は読みごたえがあり、待望の統辞論、語彙（語形成、固有名詞）を含んでいる。H.Kraheよりも、さらに印欧祖語の全体像への努力がいちじるしい。文献も豊富だが、H.Kraheにある語索引（Wortregister）がない点が不便。事項索引（Sachregister）はある。

Meringer とシャルコの聯合中枢

　Rudolf Meringer（ルードルフ・メーリンガー、1859-1931）は当時ウィーン大学の助教授でその『印欧言語学』は、わずか136頁だが、Hans Krahe にはない、一般言語学的な考察が種々あり、興味深い。その一つが右頁のシャルコ（Jean-Marie Charcot, 1825-1893）の連合中枢（Associations-Centrum）の図で、「鐘を見る」「鐘が鳴るのを聞く」「鐘という語を読む」「鐘と書く」という視覚・聴覚・書記中枢・言語中枢の関係を示している。

1. 視覚（See-Centrum）：私は鐘そのものを見た。
   Ich habe die Glocke selbst gesehen.
2. 聴覚（Hör-Centrum）：私は鐘が鳴るのを聞いた。
   Ich habe die Glocke selbst läuten gehört.
3. 書記中枢（Schrift-Centrum）：私は鐘という語を読んだ。Ich habe das Wort GLOCKE gelesen.
4. 筆記中枢（Schreib-Centrum）：私の手は「鐘」と書く。Meine Hand "Glocke" schreibend.
5. 言語中枢（Sprach-Centrum）：私は「鐘」という語を聞いた。Ich habe das Wort "Glocke" gehört.
6. 発話中枢（Sprech-Centrum）：私の口は「鐘」という。Mein Mund "Glocke" sprechend.

　言語の思考は内的言語（Das Denken der Sprache, die innere Sprache, langage intérieur）など、一般言語学的な考察も見られる。動物の鳴き声は、人間言語に比べて、その差が小さいという。イヌの吠え声はアリストパ

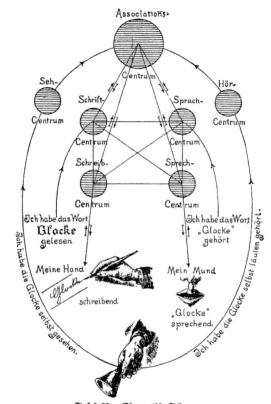

Tafel II. Charcot's Schema.
Nach Ballet, Die Innerliche Sprache (modifiziert). Die Pfeile bedeuten die Richtung der Anregungen, welche die Nervenbahnen vermitteln.

ネスにおいてはauだが、ドイツ人にとってはwau! wau! だ。ヒツジの鳴き声はクラティノス（Kratinos）におい

てはbêbêだが、ドイツ人にはmäh! mäh! だ。アリストパネスはカエルの鳴き声をbrekkekèks, koàks, koàksとしているが、ドイツ人にはquack! quack! だ、など。

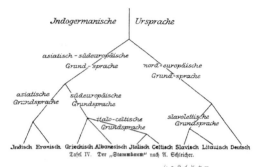

印欧祖語から個別言語への系統図（A.Schleicher, 1868）
〔印欧祖語がアジアとヨーロッパに分かれ、今日のインド語からドイツ語（＝ゲルマン語）までの諸言語が生じた〕

Mind the gap!（すきまに注意！）ロンドンの地下鉄でホームと電車のドアの間にすきまがあり、駅員が乗客に注意を呼びかける。これがマーイン・ドザ・ギャップ［ˈmain dðə ˈgæp］と聞こえる。アクセントのない音節は、いちじるしく軽減される。dtheが1語のように発音される。文全体でアクセントは2か所だけである。掲示が壁にある。「郷里に手紙を書きましょう。郵政省」「いまや危険は10倍になった」。鉄道の検札員が10倍にふえたから不正乗車は10倍に危険だ。駅員は黒人が多い。1994年。

Mon ami（モナミ）

　新宿駅西口を少し歩いたところに藻菜実というバーがある。モナミと読み、フランス語でmon amiと書けば「私の男友達」、mon amieと書けば「私の女友達」の意味となる。銀座にトナミ「きみの友達」というバーもある。

　筆者が住んでいるのは人口30万の地方都市だが、そのタウンページを見ると、喫茶店、バー、スナックの部門にいろいろな外国名が見える。フランス語が多い。

　カルチェ・ラタンは「ラテン区」の意味で、パリの学生が住む地区で、ラテン語が聞かれたことから、こう呼ばれる。シャノアール（chat noir）は「黒猫」で、シャノワールの表記もある。ポプリエ（peuplierポプラ）、マロン（marron栗）、メルシー（merciありがとう）、プチフルール（petite fleur小さな花）。ザ・ピーナッツがプティト・フルールと歌っていた。パルファン（parfum香水）、リュミエール（lumière光）、サロン・ド・テ（salon de théティー・サロン）、カフェ・ド・ルボワール（café de revoir再会喫茶）、シャンブル・ソレイユ（chambre soleil太陽の部屋）、クレドール（clef d'or金の鍵）、ジュテーム（je t'aime アイラブユー）、ラヴィアンローズ（la vie en roseバラ色の人生）。

　せしぽん、のようにヒラガナの表記もある。C'est si bon「なんてすてきな」の意味だが、同じ内容を「雪詩慕雲」と漢字にしたものもある。「絵都蘭世」はエトランゼと読みétrangerと書き「異邦人」の意味。「絽漫僮

129

瑠」はロマンドール roman d'or「黄金小説」の意味である。「詩維豆雲」は英語で、シーズンと読む。

　イタリア語は喫茶ボンジョールノ buongiorno「こんにちは」、らどんな la donna「貴婦人」、ドルチェ dolce「あまい」、アモーレ amore「愛」、ソーニョ sogno「夢」。

　スペイン語は、カフェ・パティオ（café patio 中庭喫茶）、アルカーサル（alcázar 王宮；アラビア語起源、al-はアラビア語定冠詞）、フエンテ（fuente 泉）、ラグリマ（lágrima 涙）、アモール（amor 愛）。

　ロシア語はサモワール、茶（チャ）居（イ）花（カ）（カモメ）があり、悲劇の都市として話題になったサラエボが「沙羅英慕」と漢字で書かれたものが数か所にあったが、2000年のタウンページには、なくなっていた。

　サラエボ（Sarajevo）はボスニア・ヘルツェゴビナの首都で、トルコ人が15世紀に建設したもので、語源はトルコ語 saray（宮殿）である。-evo はスラヴ語の形容詞語尾で、全体は「宮殿のある（町）」の「町」が省略された形である。-evo の語尾も -ovo の語尾も同じで、Kosovo は「ツグミの（町）」の意味である。雑誌『サライ』2015年7月号は夏目漱石、有島武郎など鎌倉ゆかりの作家を特集していた。

Mon petit bureau（5音節）　　　　　　わが書斎

where I can read, write and sleep（7）　読み書き寝れる

is three meters square.（5）　　　　　　プチオフィス

　1985年以後、筆者のプチ研究室。4畳半のお城。

Mont-blanc（モンブラン）

　モンブランといえばアルプスの山、そして、お菓子。mont-blancと書いてフランス語で「白い山」の意味である。雑誌『日本語論』の編集部が東京都心の白山という静かな住宅地にあった。近くの白山神社がその由来だそうだが、白い山は雪・純潔・神秘・荘厳を連想させる。石川県に白山という山があり、カザフスタン共和国カスピ海岸のアクタウ（Aktau）はトルコ語で「白い山」の意味である（ak白い、tau山）。「黒い山」はユーゴスラビアのモンテネグロ（monte山、negro黒い）にある。

　お菓子のモンブランは、上に盛り上げたクリームが雪をいただいたアルプスの山を連想させることから、こう呼ばれる。頂上にのせた栗（フランス語でマロン）は、山頂をきわめたときの、ごほうびのしるしだろうか。

　ミルフィーユ（millefeuille）はフランス語で「千枚の葉」の意味で、パイを焼いて、その間にジャムやチョコレートをはさんだものである。「千枚」とはフランス的誇張だが、フランス的こまやかさをも表現している。

　フランス的料理、フランス的洗練の名声は、コック長をあらわすシェフ（chef）という単語にもあらわれている。ドイツやオーストリアの宮廷で王侯貴族のために活躍したのは、フランスのシェフだった。ドイツ語のバウムクーヘン（Baumkuchen、木のお菓子）、お菓子の老舗ユーハイム（Juch-heim、発音：ユーフハイム）の名も有名だ。

131

music box（オルゴール）新美南吉『うた時計』

　オルゴール（orgel）はオランダ語でオルガンのこと
である。英語は「音楽の出る箱」という。日本語のオル
ガンはポルトガル語のorgãoからきた。廉という少年は
薬屋さんの「うた時計」が大好きだった。これは薬屋の
おじさんが日露戦争からの帰りに、大阪で買ったものだ。

　ある春の日、少年が34、5歳の大人と村の道を歩いてい
た。大人が少年に呼びかけた。「ぼう、どこへ行くんだ？」
「町だよ」「おじさん、ポケットに音楽のでる箱をもってい
るね。ぼく、薬屋さんのうた時計が大好きなんだ。」
「ぼうは薬屋を知っているのか」「知っているよ。親戚
だもの。薬屋のおじさんには息子がいたけど、学校を卒
業すると、町へ行って、不良になっちゃったんだって。」
「それで、薬屋さんは、その息子のことを何か言ってい
なかったかい？」「ばかなやつだって言っていたよ。」

　分かれ道にきたとき、おじさんは少年に言った。「ぼ
く昨日、その薬屋に泊めてもらったんだけど、今朝、そ
の家を出るとき、このうた時計と懐中時計を、まちがえ
て持ってきちゃったんだ。返しておいてくれないか」

　二人が別れたあと、薬屋のおじさんが自転車で追いか
けてきた。「ぼう、大人の人を見なかったか。」「あ、一
緒だったよ。別れるときに、まちがえちゃったから、こ
れを返してくれって。あれは誰なの。」「うちのバカ息子
なんだ。こんど、町の工場で働くことになったので、一
晩泊めてやったのだ。すると、さっそく盗みやがった。」

Nakagawa, Yoshitaro（中川芳太郎）

中川芳太郎（1882-1939）は『英文学風物誌 The Background of English Literature』（研究社、1933、リプリント 1992, xxviii, 768頁）と『欧羅巴文学を併せ観たる英文学史 English Literature in view of the general history of Western literature』（研究社 1943、1954³、目次・索引50頁、本文816頁）の著者である。夏目漱石の教え子だった。

緒言に「本著は大阪府女子専門学校に於いて昭和二年春以降、英文学史の副講として、毎学年反復講述した最後の稿を骨子としたものである」とある。内容は第1部生活（people）、第2部制度（state）、第3部風土（land）からなり、娯楽、保養、行事、衣食住、中世の学問、政治、宗教、教育、国防、交通、農業・漁業、風土、動植物のすべてにわたる。当時は留学の機会も少なかったのに、英国の百科事典ともいうべき内容を独力で書いた。『英文学史』のほうは没後出版となった。ヨーロッパ文学を併せ観た、とあるとおり、ギリシア・ローマ文学に始まり、中世から20世紀の1930年代までのヨーロッパ諸国の文学の流れと主要作品を梗概し、仏・独・伊の作品は英訳書も掲げられ、この書物を読むたびに、著者の博読に驚嘆させられる。漱石山房木曜会のメンバーで第八高等学校（名古屋）で英語のほかに、ラテン語も教えた。校正者のあとがきと索引は良心的で感動的だ（佐野英一、大阪府女子専門学校教授、のち成城大学教授）。

Nakahara（中原淳一、1913-1983）少女の友『それいゆ』1946、『ひまわり』1947を創刊。1951パリ留学。『ジュニアそれいゆ』1954創刊。人形やドレスを作り、名作をやさしいことばで紹介し、挿絵を描いた。どの雑誌もすべて一人で企画・編集・校正し、マルチクリエーターであった。『中原淳一のひまわり』別冊太陽、2017

NAKIWARAI（土岐善麿、1910）

「明治40年このかた3年あまりの中から選んで、その出来た順に並べたのがこの1冊である」と冒頭にローマ字で記され、本文も、すべてイタリック体になっている。223首のうち一つを記す。英独仏は下宮の試訳（5-7-5）。

Kimi omou kokoro ni niru ka, –

　　Haru no hi no

　Tasogaregata no honokeki akarusa!

英 I'm thinking of you,（5音節）

　Like spring twilight, my mind is（7）

　still a little light.（5）

ド Ich denke an dich,（5）

　mein Herz, wie Frühlingsdämm'rung,（7）

　ist ein wenig hell.（5）

フ Moi, je pense à toi,（5）

　Mon cœur, il est un petit clair,（7）

　comme l'aube du printemps.（5）

［黄昏は crépuscule であるが、3音節もあるため、aube「暁」を用いた。原文に忠実ではないが希望がもてる］

Nangasac（長崎；本書p.10ではLangasacke）ジョナサン・スウィフトの『ガリバー旅行記』(1726) に「私は1709年6月9日ナンガサックに着いた。長い、難儀な旅だった」とある。…On the 9th day of June, 1709, I arrived at Nangasac, after a long and troublesome journey. Gulliver's Travels. Part Ⅲ, Chapter 11. 半田一郎 (1924-2010) 編『英語基礎史料集』東京外国語大学, 1977, p.168.

Napoleon（ナポレオン）6万人の兵士を率いて4日でアルプスを越えてイタリアに入った。やると決心したからには不可能なことはない。(Baldwin)

net café（ネットカフェ）3時間980円、1日パック2000円。誰にも家に帰りたくない、帰れない事情がある。

newspapers（新聞）[Chamberlain, B.H.] 日本の新聞を最初に作ったのはイギリス人John Black（横浜在住、Scottish journalist, 1827-1880）で、1872年に開始した『日新真事誌』であった。一度種が播かれるや、新聞界は急速に進歩した。日本帝国には781の新聞・雑誌が発行され、東京だけでも209もある。最重要は『官報』、次に半官半民の『国民』、保守的で外国嫌いの『日本』、進歩的な『読売』と『毎日』、『中外商業新報』は商業新聞、『朝日』『都』『中央』『報知』も大人気。発行部数最大は『よろず重宝』の20万部、『大阪朝日』は15万部。『ジャパン・タイムズ』は全文が英語。内閣が変わると"Gōgwai! Gōgwai!"（"Extra! Extra"）の声が聞こえる。

135

Night on the Milky Way Road （銀河鉄道の夜）

　ジョバンニ（Giovanni）は父が行方不明だった。そのことで、学校でいじめられ、放課後は印刷所で働かなければならなかった。次の日、学校で先生から質問された。答えが分かっていたが、疲れていたので、答えられなかった。

　親友のカムパネルラ（Campanella；イタリア語、女性名詞）も、彼に気をつかってわざと答えなかった。

　星祭の夜、ジョバンニは、偶然、同級生のザネッリ（Zanelli）に出会って、悪口を言われた。それで、一人さびしく町はずれの丘で星空を眺めていた。

　すると、目の前が急に明るくなり、気がつくと、ジョバンニは汽車に乗っていた。見ると、向かい側には親友のカムパネルラがいるではないか。二人は銀河鉄道に乗って、宇宙旅行をした。ジョバンニはこの旅で本当の幸せを探そうと決心した。そして、ぼくたち、一緒に進んで行こう、とカムパネルラに語りかけた。

　しかし、次の瞬間、彼の姿はどこにも見当たらず、気がつくと、自分は星空を眺めていた丘にいた。そして、カムパネルラがザネッリを助けようとして、川に飛び込んで、溺れ死んだことを知った。

　宮沢賢治（1896-1933）の童話で未定稿のまま死後発見された。1927年ごろの作と推定される。Giovanniはイタリア語でJohnの愛称、Campanellaはイタリア語で「小さな釣鐘」、Zanelliは「小さな籠」の意味。

Nishiwaki Junzaburō（西脇順三郎、1894-1982）

　詩人、英文学者。慶応大学卒。卒論1917年は『社会学としての経済学』で、全文をラテン語で書いた。萩原朔太郎の詩集『月に吠える』（1917）を読み、1920年ごろ慶応で教えていた野口米次郎、戸川収骨、馬場孤蝶、竹友藻風らを知る。1922年英語・英文学研究のためオックスフォード大学に留学、古代英語・英文学を学んだ。1926年慶応大学文学部教授。詩集『アンバルワリア』1933-34は序詩を含め31編を収める。Ambarvaliaは古代ローマの5月の穀物祭の名。5月の雨は秋の豊穣を約束する。

norovirus（ノロウィールス）1968年アメリカ・オハイオのNorfolk小学校で集団発生したウィールスと1977年札幌の幼児に集団発生したウィールスからパリの第12回国際ウィールス学会で命名された。NorfolkのnoとSapporoのroを組み合わせてno-ro-virusとなった。

North Korea北朝鮮は韓国の人口の4分の1でGNPは46分の1だから吸収合併は無理。東ドイツは西ドイツの人口の4分の1、GNPも4分の1だから合併できたが、西ドイツは貯金を全部使ってしまった（1989）。北朝鮮は日本の一つの県の予算ぐらいなのに、ミサイルを振りかざし、お山の大将ぶる。トップ金正恩（キムジョンウン）（34）が2017年異母兄金正男（キムジョンナム）（45）を暗殺。金正恩の「斬首」秒読み。

North Pole Route（北極海航路）温暖化のために氷が3分の2に減り、アジアからヨーロッパへ輸送する物資が2011年に103トンと10倍になった。海賊の危険もない。

137

Nose, The（鼻）芥川龍之介『鼻』

　弾智内供（ぜんちないぐ）の鼻は長さが五六寸あって、上唇の上から顎（あご）の下まで下がっている。細長いソーセージのようなものが、ぶらりと顔のまん中からぶら下がっているのだ。

　ごはんを食べるときには、弟子に鼻をもってもらった。弟子が、あるとき、知り合いの医者から鼻を短くする方法を聞いてきた。熱湯で鼻をゆでて、人に踏ませるのだという。早速、熱湯に鼻を入れて、ゆでた。そして、踏んでもらった。すると、成功した。短くなったのである。内供はこれで誰にも笑われずにすんだ、と喜んだ。

　だが、人は以前にもまして、彼の鼻を見て冷笑するようになった。人は他人の不幸に同情するが、その不幸がなくなると、物足りなく感じて、もう一度、不幸になればよいと思うのだ。ある朝、鼻はもとのように長くなっていた。これでよいのだ、これで誰も笑う者はないだろうと、内供は晴れやかな気持ちになった。

Ogasawara（小笠原諸島；Bonin Islands）小笠原村として東京都特別区。八丈島南方700キロの太平洋上に散在する父島・母島・硫黄島など四島からなる。面積104平方キロメートル。1593年小笠原貞頼の発見とされる。第二次大戦後、アメリカに施政権が移ったが、1968年、日本に返還された。1995年現在父島人口1900人、小学校、中学校、高等学校あり、母島人口400人、小学校、中学校あり。無人（munin）島がBoninとして伝わる。bとmの交替の例：BombayがMumbaiになった。

Oranges（蜜柑）芥川龍之介『蜜柑』

　私は夕方、横須賀発の汽車の二等の車両に乗って、発車を待っていた。夕刊には特に興味のある記事はない。車両には私だけだった。するとそこへ、13、14歳ぐらいの、しもぶくれした、下品な女の子が、風呂敷包みを抱えて乗りこんできて、私の近くに坐った。それと同時に汽車が発車した。女の子は手に三等切符を握っていた。

　二等車に紛れ込んで来たこともそうだが、その子の風情が、気に入らなかった。トンネルにさしかかろうとしたとき、その子は窓を一生懸命に開けようとしている。トンネルを過ぎたとき、彼女は窓をさらに大きく開けた。汽車が踏切にさしかかったとき、男の子が三人、彼女に手を振っていた。彼らにミカンを5、6個、パラパラと投げかけた。そのとき、私はいっさいを知り、納得した。彼女はこれから奉公に出るのだ。見送りにきてくれた弟たちに、感謝の気持ちを込めて、ミカンを投げたのだ。

　芥川龍之介（1892-1927）小説家。夏目漱石門下。東大英文科卒。1916年卒論は『ウィリアム・モリス研究』であった。同人誌に掲載した『鼻』が夏目漱石の賞賛を得た。『羅生門』『地獄変』『河童』などがある。彼の名を付した芥川賞は1935年文藝春秋社により設けられた。牛乳業を営んでいた父の長男として生まれた。実母が出産後9か月ごろから発狂し始め、のち生きた屍として10年間生き続けた母の姿が遺伝の恐怖となり、自殺の一因となった。

Otaru（小樽のひとよ、1967）作詞：池田充男、作曲：鶴岡雅義、唄：鶴岡雅義と東京ロマンチカ「逢いたい気持ちが　ままならぬ、北国の街は　つめたく　遠い…」

Otokichi（音吉、1819-1867）14歳のとき、愛知の尾之浦 Onoura から一行14名が船で江戸に向かう途中、遭難して11名が死に3名が14か月漂流し、1834年に Vancouver に到着。1835年 Macau 着。1837年鹿児島で異国帰りと追い払われ、江戸からも追い払われた。のち中国人を名乗り、英語通訳として活躍。田中幸子編著『Global drifter 音吉』（CD付き、2013）。ドイツ人宣教師 Karl Gützlaff（カール　ギュツラフ）（1803-1851）は、中国に滞在中の音吉ら三人に援助の手を差しのべた。彼らから日本語を学び「ハジマリニカシコイモノゴザル」で始まるヨハネ伝を日本語に訳した（1837）。最初の日本語訳聖書であった。カシコイモノ＝God.

Overcoat, The（外套、ロシア語 šinel'：1840）（シニェーリ）ロシアの作家ニコライ・ゴーゴリ（Nikolai Gogol'：1809-1852）の小説。ペテルブルク、それはロシアの皇帝ピョートルの都という意味だが、そこの役所にアカーキイ・アカーキェヴィチという貧しい九等官が勤めていた。彼は下級のままだった。ロシアの冬は寒い。外套は必需品だ。だが彼の外套はつぎはぎだらけで、これ以上補修ができないほどになっていた。彼は倹約に倹約をかさねて、ようやく新しい外套を買うことが出来た。上役が新調を祝って夜会を開いてくれたが、その帰り道で、追剥に、財布

の次に大事な外套を奪われてしまった。彼は悲しみと憤りのあまり、寝込んでしまい、そのまま死んでしまった。すると、まもなく、ペテルブルクに外套をさがす幽霊が出るようになった。大都会の、しかも、官職にありながら、貧富、階級の乗り越えられぬ格差がある。ドストイェフスキーは「われわれはすべてゴーゴリの『外套』から出発した」と言っている。

Pacific War（太平洋戦争）1941-1945. pacific は「平和な」の意味だが、日米双方にとって悲劇的な戦争になった。1945年3月の東京大空襲で手を打てば、沖縄の悲劇も、原子爆弾もなかったはずだ。ヨーロッパの在外公館からの降伏の助言を軍部は無視し続けた。1945年8月15日、日本は無条件降伏をした。その寸前、8月9日、ソ連は日ソ不可侵条約を一方的に破り、瀕死の状態にある日本に宣戦布告をして、満州の開拓民を虐殺し略奪した。スターリンは独ソ不可侵条約を破ったナチスをまねたのだ。北方四島（択捉島、国後島、色丹島、歯舞群島）の所有権をいまだに主張している。

Pan（パン；ポルトガル語 pāo パンウ）

　朝食の「パンとコーヒー」は「ゴハンとミソシル」のライバルだ。パンとカステラはポルトガル語から、ミルクは英語からきた。ミルクは戦後の栄養失調の子供たちを立派な体格に育ててくれた。パンもコーヒーも舶来品で、外来語は外国の品物と一緒に日本にやってきた。これを「語と物」（words and things）といい、言語学の

中の一部門である「言語と文化」の中で扱われる。

　日本人が、この食品を大きな感激をもって採り入れたのは当然であった。パンはポルトガル語のpāo（パンゥ）からきている。タマゴと砂糖の入った菓子パンのプリンセスなるカステラは、ポルトガル語のpāo de Castela（カステラ地方のパン）からきている。Castelaはポルトガル語の綴り字で、スペイン語綴りCastella（カステーリャ地方）は「お城（英語castle）の多い地方」の意味で、マドリッドを中心とした地方を指す。

「パン」はスペイン語pan、フランス語pain、イタリア語paneで、すべてラテン語pānis（バーニス）からきている。この語源は何か。語源辞典によると、語根*pā-（バー）「養う」に接尾辞-t-のついた*pāt-がゲルマン語*fōd-になり、英語foodはここからきている。つまり、パンの原義は「食料」なのだ。だから英語では一家の稼ぎ手をbread-winner（パンの稼ぎ手）という。

　日本とポルトガルの関係は古く、450年前、薩摩の人Angero（安次郎）がインドのゴアに渡り、日本人として初めてポルトガル語を学んだ。その後、約100年、ポルトガル語の学習は隆盛をきわめた。各種の学林が創立し日葡辞典や葡日辞典が出版された。Dictionarium latino-lusitanicum ac iaponicum（羅葡日辞典、天草学林刊、1594年）が有名である。lusitanicumは「Lusitaniaの」の意味でルシタニアはポルトガルのラテン名である。

　この時代に日本語に入ったポルトガル語はイギリス、

142

オランダ、オルガン、カッパ、カルタ、カルメラ、カンテラ、キリシタン、コップ、コンパス、コンペイトウ（金平糖）、サラサ（更紗）、ジバン、シャボン、タバコ、バッテラ、フラスコ、ビロード、ボタン、マント、メリヤスなどがある。

　4月12日はパンの日である。1842年4月12日、日本で兵学者・江川太郎左衛門が大量の兵糧パン（soldier's bread）を製造した。

paper money（紙幣）世界で1日に8兆円が生産される。

Park Geun-hye（朴槿恵、パク・クネ）2012年（60歳）に韓国初の女性大統領。母親が1974年暗殺の流れ弾で倒れたあと、父親の大統領朴正熙（1917-1979）のファーストレディーとして助けたが、その父が凶弾で倒れたときは、パリに留学中だった。国民から国母と慕われた母親にならって質素な生活を送る。同じ靴を10年も履き続けた。国民から聞き取った話やアイデアを書きとめ手帳姫と呼ばれた。しかし2017年3月、不幸な事件のために任期1年4か月を残して大統領の職を追われた。

parody（ことば遊び）「光は東方より」は聖書の言葉だがこれに「贅沢は西方より」（1992）を加えるとパロディーになる。ラテン語でEx oriente lux, ex occidente luxus. また「半死半生」half death half lifeという言い方があるが、「半死」half death ＝「半生」half life. その両辺を2倍すると「死」death ＝「生」life. こんなことってあり？

143

Pauls Deutsches Wörterbuch （パウルのドイツ語辞典）

　ヘルマン・パウルの『ドイツ語辞典』はグリムの『ドイツ語辞典』と同じくらいに有名である。ふだんは佐藤通次さんの『独和言林』（白水社1948）を愛用しているので、独々辞典を使用することは、あまりないが、1987年下記のパウルを青山学院大学に比較言語学の非常勤で通勤していたとき、渋谷の正進堂で見つけて購入した。

　Hermann Paul: Deutsches Wörterbuch. 8.,unveränderte Auflage von Werner Betz. Max Niemeyer Verlag Tübingen 1981. x, 841pp.（4,000円）Grimm や Neckel（ゲルマン伝説）を読むときに、よく Paul を利用する。

　この辞書で一番困るのは、C.O.D. や P.O.D. と同様、接頭辞つきの語の場合、必要な個所に、容易にたどりつけないことである。接頭辞ab-（離れて）、an-（接して）、auf-（上に）などを含む動詞の場合、ab-, an-, auf-の意味にしたがって分類され、その個所にまとめられているので、読むには便利だが、引くには不便だ（第9版1992、第10版2002では見出し語になっている）。

　接頭辞ein（hinein 中へ、into）は前置詞 in と verwandt（同系）とあるが、ablautend（母音交替）としたほうがよい。in［in］（中に、前置詞）の強形が ein［ain］（中へ、接頭辞）となる。［ai］と［i］の関係は［a］とゼロで、ラテン語est（he is）と sunt（they are）の語根*es と*s にあたる。あと、気づいた点を列挙する。

　1. da（そこに、そのとき）は da ist er（ほら彼が来た

ぞ）では場所に（räumlich）、da kommt er（そのとき彼は来る）では時間に（zeitlich）用いられている。語根は印欧語 *to（それ、中性）で、英 the, that と同根。

2. begegnen（出会う）の語源にフランス語 rencontrer の言及がない。begegnen の中に gegen（…に向かって）が入っており、rencontrer の中に contre（…に向かって、反対して）が入っていて、意味の発展が共通している（cf.country, contrée「都会に対面した土地」）。

3. ドイツの大学の文学部（哲学部）の主要な科目である Romanistik ロマンス語学科、Slavistik スラヴ語学科、Indogermanistik 印欧言語学、Orientalistik 東洋学、Japanologie 日本学、Nordistik 北欧学がない。

4. 文法用語 Phonologie（音韻論）、Morphologie（形態論）、Phonem（音素）、Morphem（形態素）がない。Paul 1992[9] にはこのうち Morphologie のみが載っている。

5. Finne[3]（フィンランド人）がない。

6. Paul には日本語からの借用語が非常に少ない。ヨーロッパ全体にどのくらい普及しているかを知るには Karl Lokotsch の『東洋起源のヨーロッパ諸語（ゲルマン語、ロマンス語、スラヴ語）語源辞典』Heidelberg（1927、1975[2]）があり、日本語起源は bonsō, chin, geisha, harakiri, jinrikisha, jujitsu, kakemono, kimono, mikado, mogusa, yoshihara の 11 語が載っている。Paul にあるのは bonsō の別形 Bonze（坊主）だけだった。歴代の編者たちの日本への無関心にはあきれる。

Pet（ペット）

　毎年、夏になると、水不足が深刻だ。ウナギやマグロはなくても生きては行けるが、水なしには生きてはゆけぬ。そのため、水が大量に購入され、家庭に不燃ゴミであるペットボトルが山積みになって捨てられるが、これらはリサイクルされて道路工事の材料に利用される。

　ペットは愛玩動物のはずだが、あのボトルのPETはpolyethylene terephthalateとある。ポリエチレン・テレフタル酸塩。thやらphやらがあるので、ギリシア語だということは分かるが。この化学的な産物の、軽くて落としても割れない、便利な1リットル、1.5リットルの飲料水やジュースを、ハイカーたちも購入する。

　肝心の子ネコちゃんやら子イヌちゃんやらのペットは語源不詳と出ている。

　あらかわそおべの『外来語辞典』によると、有島武郎の『或る女』（1907、単行本は1919）が古い例らしい。

　その個所は「貞世（さだよ）は寵児（ペット）らしく、すっかりはしゃぎ切っていた」（24章）となっていて、動物ではなく、かわいい娘を指している。貞世は、この日、めずらしくお客さんが来て、一座の花になっていた。

　表題のペットは、ペットブーム、ペットフード、ペットホテルなど、応用が広い。ペットフードは、いま、人間食と同じ贅沢品で、値段も人間食より高い。私自身は愛用の辞書や、通勤や旅に同伴する本のことをペットブックと呼んでいる。

Petit Prince, Le （星の王子さま）

　王子さまの住んでいる星はB612という小さな星で、3階建てのビルぐらいの大きさしかありません。王子さまは、この星に、たった一人で住んでいました。ある日、風に乗って、小さな種が舞い降りました。バラの種でした。美しいバラが誕生し、王子さまのお友だちになりました。でもバラは、とてもわがままだったのです。王子さまは、本当の友だちを探し求めて、緑の星（地球）に旅立ちました。

　英語もフランス語（1947）も、その他のヨーロッパ諸語も「小さな王子」と訳しているが、日本語は「星の王子さま」と内容にそくした訳だ。その訳者内藤濯（あろう）（1883-1977）はパリのサロンで和歌をフランス語に訳して紹介し、好評を博した。東大仏文科の創設は1889年で、内藤の同期に白水社創立の福岡易之助がいた。山本直文（1890-1982）の『標音仏和辞典』は昭和6年と7年に最初の2万部が全部売れて、白水社は起死回生した。

　内藤濯は一高時代に渡辺一夫を教えたが、渡辺は当時を振り返って、先生は授業の最後に必ず今日の要点を繰り返した、これがとても役立った、と書いている。内藤はアルコールを飲まなかった。家に来てもよいが、何か課題を持ってこいよ、といった。伊藤整（1905-1969）は東京商科大学でのゼミナールで内藤濯の唯一の学生だった。教室の明かりが消えると、先生と学生は駅まで一緒に歩いて帰り、文学談義を続けた。

Pitlochry（ペトロッホリー）漱石が親日家の招待で1902年10月に滞在したスコットランドの保養地で、漱石が随筆「昔」の中に描いている。エディンバラから汽車で2時間。日本人が訪れるダンダラハ Dundarach ホテルは2階建てでロビーには漱石の肖像写真と岩波文庫の『道草』が陳列されている。『宝島』の R.L.Stevenson も家族とひと夏を過ごした。地名の意味は「石の町の人々」。

P.O.D.（ポケットオックスフォード辞典）The Pocket Oxford Dictionary of Current English. 日本版（東京、1970, xxiv + 1048頁）は Oxford 版よりも薄くて便利なので、手元に置いてメモ帳代わりに書き込んでいる。

　deploy（< dis-plicare）は employ（< im-plicare）の反意語かと思ったら、deploy「軍を展開する」、employ「雇用する」で、意味が噛み合わないが、語根 *plek-「編む」から出発すると、「外に編み出す」から「展開する」、「中に編み込む」から「雇用する」になることが分かる。

polish（推敲）原稿を20回推敲せよ。たえず磨いて、磨き直せ、とフランスの詩人ボワロー（N.Boileau, 1636-1711）は書いている。Vingt fois sur le métier remettez votre ouvrage：polissez-le sans cesse et le repolissez.

politeness（礼儀）[Chamberlain, B.H.] 日本人の礼儀正しさは心からくるものだ（la politesse qui vient du cœur）。お辞儀やほほえみよりも深いものがある。日本に30年以上暮らした私は確信をもってそう言える。とくに低い階級の人たちは真の親切さに根ざしている。

Portrait, The, of Shunkin（春琴抄、1933）谷崎潤一郎。

　大阪の薬屋の娘、春琴は両親の愛を一身に受けて育ったが、9歳のとき、不運にも失明した。盲目ながら、彼女は音曲（music）の道で天賦の才を示し、のちに琴の師範として大成した。容姿は淡麗にして優雅だが、わがままで気位が高かった。奉公人の佐助は目が見えぬ春琴を琴の先生のもとに送り迎えして、献身的に奉仕した。やがて、二人は同じ屋根の下に暮らし、内縁関係であったが、封建的な師弟関係を続けていた。

　春琴は才能には秀でていたが、気位が高く、性格が気難しかったため、弟子たちから反感を買うことが多かった。37歳のとき、ある夜、春琴は何者かに熱湯を顔にかけられ大やけどを負った。春琴の愛を得られなかった弟子の仕業であるといわれた。容姿端麗であった春琴は、自分の無残な顔を佐助に見られたくないと言った。佐助は美しい春琴の顔だちを一生心に刻み、彼女の火傷を負った顔を見まいとして、自分の目を縫い針で刺し、盲目となった。暗黒の中での想像と感触を通して、二人は官能の世界で至高の愛を成就した。佐助は春琴への崇拝的な愛情を抱き続け、春琴が58歳で病に倒れるまで献身的に尽くした。春琴が没したのは明治19年（1886）10月14日、お墓は大阪下寺町の浄土宗の寺にある。

　谷崎潤一郎（1886-1965）は日本橋生まれ、家族小説というべき『細雪』（lightly falling snow）3巻、『源氏物語』現代語訳などがある。

Pots of beauty（美の壺）

　美の壺（ナビゲーター谷啓、草刈正雄）はNHKの番組で、日本の陶器や絵画を紹介している。絵画、衣装、装身具、指輪、腕輪、食器など、人により異なるが、これだけは、最後まで捨てられない思い出の品々だ。

　私の場合は辞書と書物である。以下に10点ほどを使用頻度の高い順に記す。みな血となり肉となった。書き込みがたくさんある。1. American Heritage Dictionary of the English Language（College edition, 2002）；2. 佐藤通次『独和言林』白水社1948；3. 山本直文『標音仏和辞典』白水社1950；4. Collier's Encyclopedia（Boston, New York, 1956；1958年、神田の古本街の道端に積んであった。私が購入したのは、20巻のうち17巻で最初の3巻が欠けている。言語学担当の編者がGiuliano Bonfanteだった）；5. Petit Larousse Illustré（2006）；6. 広辞苑（4版1991）；7. 国語辞典（集英社、1993；当時学習院大学独文科助手だった鈴村直樹君より）；8. Pauls Deutsches Wörterbuch（1981）；9. Touristik Atlas（1986）；10. ①岩波全書：ラテン語入門、ギリシア語入門、印欧語比較文法、音声学、英語史；②ゲッシェン文庫：ゴート語入門、古代英語入門、古代ノルド語入門、中世英語入門、ゲルマン言語学、印欧言語学、ロマンス言語学、スラヴ言語学、サンスクリット文法、ラテン語史、ギリシア言語学、古代アイルランド語文法；③アンデルセン、グリム、トルストイなど。

Pottier, Bernard（ポティエ、フランスの言語学者）

1. Bernard Pottier（1924-）に初めてお目にかかったのは1991年7月16日－20日、ドイツのキールで開催されたヨーロッパ言語学会（Societas Linguistica Europaea）においてであった。1991年は、この学会創立25周年であったので、会長（任期1年）経験者全員が講演に招待され、各自が得意のテーマで講演を行った。Pottierのテーマは Où va la sémantique?（意味論はどこへ行くのか）であった。意味の世界を過去・現在・未来に年代順（chrono-logique）に分けて、naître → vivre → mourir（生まれる→生きる→死ぬ）、arriver → être → s'en aller（到着する→いる→去る）、prendre → avoir → lâcher（取る→持つ→手放す）、前置詞 avant → pendant → après（前に→間に→後に）、接続詞 si → quand → puisque（もし…ならば→…のとき→…なので）のように語彙の構造を説いた。

1991年秋、津田塾大学の言語学概論で、この問題を扱ったら、学生の答案に meet → marry → divorce（出会い→結婚→離婚）というのがあった。

キールの学会で、私は初めて Prof.Pottier にお目にかかったのだが、厚かましくも、先生の Présentation de la linguistique（Paris, Klincksieck, 1967；絶版）を戴けないでしょうか、とお願いしたところ、1991年9月5日にパリから東京に送ってくださった。1968年、弘前から上京したとき、日本橋の丸善洋書部に、この本がうず高

く積まれていた。私は、早速1冊購入したのだが、公費購入のため、東京に転勤の際に、弘前大学の研究室から持参できなかったのだ。その後、これを増補改訂したLinguistique générale. Théorie et description（Paris, Klincksieck, 1974；三宅徳嘉・南舘英孝訳『一般言語学－理論と記述』岩波書店、1984）が出版されたので、Présentationのほうは絶版になってしまった。

Présentation de la linguistique（言語学紹介、1967）は副題がFondements d'une théorie（理論の基礎）となっており、全体で78頁の小冊子であるが、言語学全般を扱い、言語学の百科辞典のようだ。内容が豊富で、1頁1頁が単行本1冊に拡張できるほどである。私は自分で索引を作りその後の学会発表や論文執筆に役立ってくれた。早川東三先生の古希記念論文集『ドイツ語統語論の諸相』Deutsche Syntax im Kreuzfeuer（同学社1999）には「ドイツ語の構造」（Zur Struktur der deutschen Sprache）と題してPottier式ドイツ語の構造を試みた（『アグネーテと人魚、ジプシー語案内ほか』近代文藝社2011, p.64-84に再録）。Pottier式とは、定義が簡潔で、具体例が二つ三つという方式である。それをフランス語になおしてStructure de la langue allemande à la Pottierienne. Lingua Posnaniensis（49, 2007, 143-151）として発表して、その抜き刷りをお送りしたところ、先生から礼状をいただいた。

2. ポルトガル語の「どうもありがとう」muito obrigadoの

muito（たくさん、非常に）がなぜ［ムイントゥ］と鼻母音で発音されるのかPottier先生に伺うと、早速ご返事をいただいた（2015年5月2日）。それによると中世スペイン語には語源とは無関係のn（non-etymological n）がよく見られ、muchoがmunchoのように発音され、mazana, maçana（リンゴ）がmanzanaと発音される。

その後、私はnon-etymological nの例を次の本の中に発見したので、先生にその報告をした。

ポルトガルの宣教師ルイス・フロイス（Luis Frois, 1532-1597）は1562年長崎に到着、35年間、宣教のかたわら、日本の風俗習慣を詳細に観察し、イエズス会の本部に報告したものが『ヨーロッパ文化と日本文化』（岡田章雄訳注、岩波文庫、1991）として出ている。以下に当時のポルトガル語の発音の特徴と思われる例を5つほど掲げる。

（1）Canzusa（加津佐、長崎近郊の村）。フロイスは本書を1585年6月14日にCanzusaで書いたと記している。

（2）bōzo［ボンズ；アクセントのないoはuと発音］（坊主）英語のbonzeは当時のポルトガル語のōが反映している。

（3）cōgatana［コンガタナ］（小刀）。

（4）nāguinata［ナンギナタ］（薙刀）。

（5）sacāzuqi［サカンズキ］（盃）。

153

The Prince and the Pauper（王子と乞食）アメリカの作家マーク・トウェーン Mark Twain（1835-1910）の小説。1547年ごろ、英国民の三分の一は貧しかった。主人公のトムは乞食で、王宮のまわりをうろついていた。まわりには貧しい人たちが、一目、王子を見ようと門のところに群がっていた。門衛が、こら、あっちへ行け、とトムをたたいた。ちょうどそこへ王子が通りかかって、子供をたたいちゃいかん、中へ入れてやりなさい、と言った。王子はトムを自分の部屋へ案内した。鏡で見ると、二人ともよく似ていた。「いくつ？」「9歳だよ」「同じだね」「兄弟は？」「姉さんが二人いる」「ぼくは姉さんが一人だ。そこだけ違うね」二人はご馳走の朝食を食べた。「ねえ、一日だけ、身分を変えようよ。」

　乞食姿で、お城を脱出した王子は、ロンドンの貧しい人たちと、その生活を見た。一方、お城の中で、にわかに王子になったトムは、お城の中の礼儀作法が分かるはずがない。ところで、本当の王子が、乞食姿になってロンドンを見物している間に、王様が急死した。明日は王子が王様に昇格しなければならない。わずか9歳で英国王になったエドワード6世は、庶民の生活をつぶさに見たので、貧しい人々のために、よい政治を行なった。

　表題の pauper［ポーパー］はラテン語 pauper〔バウベル〕「貧しい」からの借用語で、ラテン語 pauper がフランス語 pauvre［ポーヴル］を経て英語 poor になった。beggar「乞食」は本来の英語。村岡花子訳『王子と乞食』平凡社 1927.

Prokosch, Edward（アメリカの言語学者、1876-1938）

　Prokosch（プロコシュ）の名はA Comparative Germanic Grammar（1939）の著者として、長らく名をとどめると思われる。それは、英語で書かれた最初のゲルマン語比較文法であるからだ。ドイツ語で書かれたものには、古くからStreitbergや、その後、Hans Kraheがある。ドイツ語で立派な本があるのに、なぜ英語が必要なのか。それは、術語や表現が英語でどのようになされるか、が大いに興味があるからだ。ドイツでなされたこの学問が、英語圏でどのように受容され、咀嚼されているか、が分かるからである。プロコシュはイェール大学のゲルマン語教授であった。著者は原稿を完成し、校正を終了したあと本の完成を見ずに亡くなった。アメリカ言語学会出版としてペンシルバニア大学出版部（1939）から出版された。

　内容は第1部「ゲルマン諸語の外的歴史」、第2部「音論」、第3部「形態論」（動詞から始まる）、テキスト見本、文献注記、単語索引で、全体で353頁である。

　プロコシュの、もう1冊、記憶すべき本はC.D.バックCarl Darling Buckの『オスク語とウンブリア語の文法』（ボストン、1904）のドイツ語訳（Elementarbuch der oskisch-umbrischen Dialekte. Heidelberg, 1905, xii, 235頁）で、当時ライプツィヒ大学の博士候補であった。

Pushkin thesis（プーシキン宣言）プーシキンはサンクトペテルブルグ南方26キロの都市、旧称ツァールス

コエ・セロー（皇帝村）での国際ヨーロッパ言語学シンポジウム（1999年）。ヨーロッパ研究を人文学の1科目として小学校から教育科目に導入する案が採択された。

putpockets in Londonお金（or品物）をあげるよ、とポケットに。pickpockets（すり）の逆。2009年。

Pyongyang（ピョンヤン）北朝鮮の首都。ピョンヤンからソウルに潜入する地下トンネルがある。全長1,635メートル、高さ2メートル幅2メートル、武装兵士1万人が30分で通過できる。彼らは、最初、韓国が作ったと主張していた。いまソウルからの観光ルートになっている。5,000年前にはアジアにおける人類発祥地の一つだったが、その後、恐怖政治のために世界最貧国となった（2011）。中国との国境で携帯を使って外国と接触することが禁じられている（2016）。

QOL（quality of life、生活の質）大都会の中ではウィーンが世界一。オーストリアの首都、人口180万人。音楽、芸術、コーヒー、ケーキ、シェーンブルン宮殿、シュトラウスの「美しく青きドナウ」An der schönen blauen Donauがある。

race（種族）［Chamberlain, B.H.］日本民族はどこから来たか。この問題の最大の権威ベルツとライン（Baelz, Rein）は、日本人はモンゴル人だとしている。モンゴル人の一部が日本に渡って定住したことは確かだ。すなわち、朝鮮人、中国人が渡来した。重大な難点は、日本語が近隣の言語と著しく異なっていることである。

料金受取人払郵便

新宿局承認

4302

差出有効期間
平成31年4月
30日まで
(切手不要)

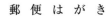

郵 便 は が き

| 1 | 6 | 0 | - | 8 | 7 | 9 | 1 |

843

東京都新宿区新宿1-10-1

(株)文芸社

愛読者カード係 行

||lıl||l||ıı∙ı|∙||ı|||l||ı|ı|∙ı∙ı|∙ı∙ı∙|∙|∙ı∙ı|∙ı∙ı|ı|||

ふりがな お名前			明治　大正 昭和　平成	年生　歳
ふりがな ご住所	□□□-□□□□			性別 男・女
お電話 番　号	(書籍ご注文の際に必要です)	ご職業		
E-mail				
ご購読雑誌(複数可)			ご購読新聞	新聞

最近読んでおもしろかった本や今後、とりあげてほしいテーマをお教えください。

ご自分の研究成果や経験、お考え等を出版してみたいというお気持ちはありますか。

ある　　　ない　　　内容・テーマ(　　　　　　　　　　　　　　　　　　　)

現在完成した作品をお持ちですか。

ある　　　ない　　　ジャンル・原稿量(　　　　　　　　　　　　　　　　　　)

書　名							
お買上書店	都道府県	市区郡	書店名				書店
			ご購入日	年	月	日	

本書をどこでお知りになりましたか?
　1.書店店頭　2.知人にすすめられて　3.インターネット(サイト名　　　　　　　)
　4.DMハガキ　5.広告、記事を見て(新聞、雑誌名　　　　　　　　　　　　　　)

上の質問に関連して、ご購入の決め手となったのは?
　1.タイトル　2.著者　3.内容　4.カバーデザイン　5.帯
　その他ご自由にお書きください。

本書についてのご意見、ご感想をお聞かせください。
①内容について

②カバー、タイトル、帯について

弊社Webサイトからもご意見、ご感想をお寄せいただけます。

ご協力ありがとうございました。
※お寄せいただいたご意見、ご感想は新聞広告等で匿名にて使わせていただくことがあります。
※お客様の個人情報は、小社からの連絡のみに使用します。社外に提供することは一切ありません。

■**書籍のご注文は、お近くの書店または、ブックサービス(☎0120-29-9625)、**
セブンネットショッピング(http://7net.omni7.jp/)にお申し込み下さい。

radio（ラジオ深夜便）筆者は2000年に初めてこの番組を知った。最初に聞いたのは2000年5月8日から三夜連続の蜂谷弥三郎（1918-2015）の「スパイ容疑、シベリア虜囚50年」であった。

　以下、筆者が2001年12月23日、所沢市の防衛医大に入院中、ラジオで聞いた今道友信（1922-2012、東京大学文学部哲学・美学教授）の「300マルク」と「ビフテキ料理」の要約を記す。1955年ごろ、戦後10年、ドイツもフランスも、まだ、生きるのがやっとだった。

①300マルク（27,000円）。

　私が32歳（1955）のころは苦闘時代だった。私はミュンヘンに留学していた。ヴュルツブルク大学に非常勤講師の職を得たとき、私は嬉しくて、買いたい本をたくさん買って、任地のヴュルツブルクに赴いた。任期は秋学期からだったので、9月に大学の経理に行くと、「たしかに、あなたの名前はあるが、授業は11月からなので、11月になったら、9月にさかのぼって一緒に支給する」と言われた。しまった！　お金の残りはわずか23マルク（2000円）しかない。これで11月まで食いつがねばならない。毎日パンを1個食べた。なるべく身体を使わないように図書館で勉強した。しかし、ついにフラフラになった。ある日、顔見知りの大学講師（ドイツ人）が今晩うちにおいでよと誘ってくれた。お供をすると、貧しい部屋だった。ヨーグルトを食べなよと言って、くれたので食べた。そして、これは大事な本だから

途中で開けないで、君の部屋に入ったら開けなさい、そして33ページを見なさい、と言って、新聞紙にくるんだ本を私に渡した。私はまだふらつく足をひきずって、15分ほどで自分の部屋に帰り着いた。中を見ると100マルクの紙幣が3枚（27,000円）入っていた。そして「まず生きよ、それから哲学せよ（Primum vivere, deinde philosophārī）、返すのはいつでもよい」とラテン語で書いた紙片がはさんであった。助かった！　これだけあれば、生き延びられる。

②続き「ビフテキ料理」翌年、私はソルボンヌに非常勤の職を得た。当時は、パリの大学と言えば、ソルボンヌだけだった。週に一度くらいは、まともな食事をしようと、土曜日の夕食はレストランで食事した。そのレストランは母娘の経営で、席は15ほどの小さなものだった。第三土曜日になると、給料前なので、いつもオムレツを注文した。ある土曜日、私を見て、今日はオムレツだなと察した母（経営者）は、注文の品を私に届けたあと、しばらくして、「これ注文を受け間違えましたので」とビフテキの食事を持って来た。そこは通いなれた店なのでだれが何を注文するか、私にも、およその見当はついていた。そんな上等のものを注文する人が来れば、私にだって分かる。だが、その日はそんな客はいなかった。遠慮したが、二度言うので、好意に甘えることにした。私は感動のあまり、涙をおさえることが出来なかった。その涙が料理の上に落ちたがそのまま食べた。

［注］私（今道友信）は、翌年、ソルボンヌで専任講師の内示を得た。同じころ、九州大学から専任講師の職を打診された。私はソルボンヌを選び、九州大学は断念した。その後、父が危篤の知らせが届いた。私は躊躇したが、帰国を選んだ。もし九州大学の職が、まだあいていたら、お願いしたいと速達しその職を得た。1958年九州大学助教授、東京大学文学部専任講師となり、やがて教授になって、哲学と美学を担当した。1967年の東大紛争のときは文学部長として学生たちと渡り合った。1986年に紫綬褒章を受章した。

rahmen（インスタント・ラーメン）は日本発でノーベル賞もの。1986年ニューヨークに定着。店員1,900人。

rained, it, blood（血の雨が降った）685年に血の雨が降りミルクとバターが血になった（アングロサクソン年代記）。In 685 it rained blood, and milk and butter were turned to blood.マーシャ（Mercia）王エセルレッド（Ethelred 'noble advisor'）が近隣を蹂躙し、同年Cuthbert（カスバート）が聖者になった。

Raleigh, Sir Walter（ローリー、1552?-1618）は礼儀正しい紳士だった。ある日エリザベス女王が大勢の女官をつれて歩いていた。ぬかるみに来たとき、ローリーは、すばやく自分の真新しいマントを広げたので、女王は衣装と靴を汚さずに進むことができた。後日、女王はSirの称号を彼に与えた。のちに彼は軍人となり、北米大陸を探検した。（Baldwin）

Rashōmon（羅生門）芥川龍之介の短編小説（1915）。

　雨の降る日、一人の男が奈良にある羅生門の下にたたずんでいた。長年仕えた主人からクビを言い渡され途方にくれていたのだ。飢え死にするか盗人になるしかないな。だが、盗人になる勇気がなかった。夜になったので、寒さをしのぐために、羅生門の楼に上ろうと、梯子を上った。門の上には、いくつもの死体が捨てられていた。すると、一人の老婆が死体の長い髪の毛を抜いているではないか。男は何をしているのだ、と老婆に尋ねた。老婆は「死体の髪の毛を抜いて、鬘（かつら）を作ろうとしているのだ。この死体の女は、生きるために蛇（へび）を干し魚だと言って売っていた。だから、自分の行為も大目に見てくれるだろう」と言った。これを聞いて、男は勇気がわいた。

　男は、老婆の着物を剥ぎ取った。「おれもこうしなければ飢え死にしてしまうのだ」と言いながら、あっけに見とれている老婆をしり目に、梯子を駆け下りて行った。『今昔物語集』に取材し、荒廃した王朝末期の、人間のエゴイズムを描いている。老婆も男も。

reduplication（重複）日本語の「人々」「山々」「パラパラ」「ザーザー」など、同一の音や音節の反復をいう。英語 cuckoo, ping-pong, bow-wow（ワンワン）。単語だけでなく、「見る見るうちに」「はやばやと」のような重複もある。ギリシア語やラテン語では過去形に語幹の1音節が前に置かれる。ギ gráphō「書く」gé-grapha「書いた」：ラ canō「歌う」ce-cinī「歌った」

religion（宗教）[Chamberlain, B.H.] 日本人は仏教とキリスト教に寛容だった。日本人の宗教は古い神道で仏教と儒教の影響を受けている。日本人は宗教をもたない民族だといわれる。福沢諭吉は「私は宗教をもっていないし、どんな宗教も信じたことがない」と言っている。

rendaku（連濁）sequential voicing（die Erweichung des Anlauts im zweiten Kompositionsglied）アマ・ド、アマ・ガサ、ヒト・ビト、カネ・ガネ、オー・バン、コ・バン。大島（Ōshima）と小島（Kojima）を比べると、シとジの違いがある。藤島（Fujishima）と硫黄島（Iōjima）、太田（Ōta）と小田（Oda）、高田はTakataとTakadaがあり、高田馬場はTakadanobabaである。

republic（共和国）の原義はラテン語で「民衆の物」である。rēs「物」pūblica「民衆の」。ローマでは西暦紀元前510年に王制から共和制になった。ラテン語rēs（'thing'）の用法は広い。rēs gestae「なされたこと、事蹟」、rēs rustica「田舎の仕事＝agrī cultūra畑の耕作、農業」、rēs secundae「第二のこと、幸運」、rēs adversae「逆のこと、不運」。英語reは「…に関して」の意味で、事務書類に用いられる。rēsのablative（奪格）である。ラテン語rēsは、あまりに多用されたために、その音韻発達形はフランス語rien［リャン］となって、'nothing'の意味になってしまった。「何かほしいものはないか」に対してrien「何もない」。英語のnothingはnot a thing（一つもない）からきた。

Restaurant（レストラン）

　パン、コーヒー、ティー、サラダ、カレーライス、ビール、ワイン…のご馳走は家でもいただけるが、レストランでも繁盛している。

　restaurantという語が生まれたのは1765年、パリの飲食店主ブーランジェ（A.Boulanger：普通名詞はパン屋の意味）が「胃袋に苦労する者はみなわれのもとに来たれ、われ汝らを回復せん」（マタイ伝11:28）のラテン語Venite ad me omnes qui stomacho laboratis et ego vos restaurabo）を店の戸口に掲示した。この restaurābō（I will restore 私は回復させるだろう）の不定詞restaurāreの現在分詞restaurant-（回復させるところの）からフランス語restaurantが作られ、「体力回復のスープ」を指した。わが国にレストランという語が入ったのは、『広辞苑』によると1857年（安政4年）、次いで1862年（文久2年）横浜に開業とある。石川啄木の短編『葬列』（1906）に、近頃、人口3万の盛岡にも破天荒な変化が起きた。電燈会社が建ったこと、女学生が靴を履くようになったこと、中津川に臨んで洋食店（レストウラント）が出来たこと…などと出てくる。また、永井荷風の『ふらんす物語』の中の「蛇つかい」（1908）に、パリの風物を叙して「ホテル、カッフェー（休茶屋、レストーランなぞあり」とある。同じ語源の英語 restoreはre（もとに）store（立ち返らせる）の意味で、Meiji Restorationは「明治維新」である。

162

Resurrrection（復活）トルストイの晩年の小説（1899）

　ネフリュードフ公爵は地方裁判所の陪審員として法廷に出ていた。被告の名カチューシャ・マースロワを聞いたとき、ネフリュードフは、ハッとした。カチューシャが18歳のとき、彼女を誘惑して妊娠したのを知ると、金を与えて逃げてしまったのだ。ネフリュードフに捨てられた彼女は、それから7年、世の荒波にもまれながら男たちへ復讐すべく、売春婦に転落して行った。今回の殺人事件は、宿屋の計略に乗せられたのだ。カチューシャは無実を泣き叫んだが、懲役4年を言い渡された。

　おれは彼女の生涯を破滅させてしまったのだ。おれはなんとしても彼女の許しを請わねばならない。彼女はシベリアの流刑地に向かって、刑事犯の囚人の車中にあった。ネフリュードフは許嫁の令嬢も、栄華な生活も捨てて、三等車でカチューシャのあとを追った。彼はカチューシャに正式に結婚を申し込むつもりでいた。

　ネフリュードフの奔走で、カチューシャは刑事犯から政治犯のグループに移された。ここでカチューシャは革命家シモンソンに出会い、大きな影響を受けた。彼女は生きることに自信をもちはじめ、彼に敬愛の念を抱いた。彼女はシモンソンの結婚申し込みを受け入れ、シベリアの奥地で生活をともにする、とネフリュードフに告げた。カチューシャは新しい人生に復活したのであった。「復活」は松井須磨子が1914年以後帝国劇場で5年間の間に44回も演じた。

163

Rhyming riddles（詩で読むなぞなぞ）

①Who is it?（8音節、脚韻aabb）

He is not French, he is not Greek,

He tells us how to write and speak,

But in a language not our own,

Which none of us could do alone.

それは誰でしょう。フランス語ではありません。ギリシア語でもありません。書いたり話したりするのに必要です。しかし英語ではありません。それなしには、どうしようもありません。[答] ローマ字。

②What are they?（8音節、脚韻aabb）

We're very large though we seem small,

We float on high and never fall,

We shine like jewels in the night,

But in the day are hid from sight.

それは何でしょう。私たちは小さく見えますが、とても大きいです。高いところに浮かんでいるが、決して落ちません。夜は真珠のように輝くが、昼間は見えません。[答] 星。[出典] Wilfrid C. Thorley: A Primer of English for foreign students. Macmillan, London, 1924.

rinne（輪廻）サンスクリット語sam-sāra「共・流」誕生→苦労→死→再生。birth, suffering, death, rebirth.

Rising Generation, The（英語青年）研究社。1898年創刊より1921号。2009年3月号で廃刊。戦前戦後を通じ多数の英語・英文学者を育てた。

Robinson Crusoe（ロビンソン・クルーソー）は無人島に26年間（six and twenty years）暮らした。のちに命を助けたフライデーも加わった。この島はベネズエラのTrinidad and Tobago（人口合わせて130万）のトバゴ（面積は320平方キロ、東京都23区の半分）とされる。クルーソーの父はドイツの出身で、クロイツネーア（Kreutznaer）と言った。これは十字路（Kreuz、英語cross）に住む人の意味である。父は英国のハル（Hull）に来て、ここで私の母と結婚した。父は、外国へなぞ行かないで、故郷で一緒に暮らそう、と言ったのに、私は従わなかった。「26年」＝「6＋20年」という言い方は古い英語の順序で、ドイツ語はいまも同じ順序である。

Roma（ローマ）はギリシアのアテネとともに、ヨーロッパ文明の発祥地であった。伝説によると、ローマは紀元前753年にロームルス（Romulus）によって建設された。年をあらわすのにab urbe conditā（都市が建設されてより）何年と言った。Rome was not built in a day（ローマは1日にして成らず）のラテン語Rōma nōn in ūnā diē condita est. はセルバンテスが出典とされる。フランスでは「パリは1日にして成らず」、ロシアでは「モスクワは1日にして成らず」という。スペインではZamora（サモラ）の城は1日にしてならず。ローマのことわざをもう一つ記すと「ローマには空の星の数ほど乙女がいる」オウィディウス『愛の技』。quot caelum stellās, tot habet tua Rōma puellās.（Ovidius, Ars Amatoria）

165

Running refreshes（快走、1938）岡本かの子著。

　道子は女学校を卒業して家で母の手伝いをしていた。ある日、多摩川の土手をマラソンした。堤防の幅は91センチである。女学校時代はランニングの選手だったのだ。とても快適だった。汗をかいたあと、銭湯に行ってリフレッシュした。マラソンを家族には秘密にしていた。

　銭湯が長いわね、と母の声は怪訝だった。ある日、母は娘と一緒に銭湯に行った。1時間も入っていると、ゆだってしまった。あやしいわね、と母が。親というものは、なぜ、こうも、うるさいんだろうと道子は思った。

　母は道子の兄に頼んだ。本当に銭湯に行くのか、あとをつけて行ってみてよ、と。兄は不承不承、それに従った。ある日、母は父に告げた。銭湯は、どんなに長くても40分よ、それなのにあの子、2時間もかかるのよ。すると父が言うには「銭湯のあとで、どこかに行くところがあるんじゃないか」。

　道子に手紙がきた。女学校の友人からである。手紙といえども、気になる。母は父と相談して、こっそり中身を読んだ。「道子さんが毎晩マラソンしているなんて、学校時代を思い出すわね」とあった。ほほう、と父が言った。道子のマラソン姿を見てみたいものだな。早速、明日の晩、食事のあとで、あの子が銭湯に出かけるといったら、あとをつけてみようじゃないか。そして、それは実行された。で、両親は安心した。

『岡本かの子の世界展』（川崎市民ミュージアム 1989）

Salaried man（サラリーマンのドラマ）

　サラリーマンのドラマ…という曲の流れるテレビ番組があった。これを見ていると、1960年代に流行した植木等の「サラリーマンは気楽な稼業ときたもんだ」などとのんきな時代と大違いだ。満員電車で会社に着くと、販売のノルマが待っている。ノルマ達成のために自腹を切らねばならない。帰宅など何時になるか分からない、などなど。

　このサラリーマン、俸給生活者と日本語でも言えようがカタカナのほうが、定着している。英語はsalaried manだが、日本語に採り入れる際に文法的要素は無視される。frying panがフライパン、mashed potatoがマッシュポテト、ham and eggがハムエッグというように。サラリーはラテン語の時代からあるsalarium（塩の代金）だが、中心はsal（塩）。サラダ（salad）は塩であえた物である。

　フランス語ではサラリーマンをsalarié（サラリーを与えられた者）と言っている。英語・フランス語・ラテン語は語彙的連帯性が強い。ドイツ語は日本語と同じく俸給受領者（Gehaltsempfänger）という。Gehalt（ゲハルト）は「給料」であるが、原義は「中味」（halten 'keep'）である。Empfänger（エンプフェンガー）は受取人。

　表題のもう一つのドラマ（drama）はギリシア語に由来する。西欧文明の創造者であった古代ギリシア人は、同時に、諸学問の創造者でもあった。文献学、哲学、詩

167

学（韻律論）、叙事詩、抒情詩、演劇関係のいかに多くの用語が2,000年後の今日まで、伝えられ保持されてきたことか。

サラリーマンと並んで、サラリーウーマン、サラリーガールも辞書には出ているが、あまりお目にかからない。いまはOLつまりオフィス・レディーという。英国詩人シェリーの「冬来たりなば春遠からじ」をもじって、「冬来たりなばOL生活待っている」と歌った津田塾大生がいた。

お父さんのお仕事は、と聞かれて、日本ではサラリーマンと答えるが、欧米では、教師、医者、ジャーナリスト、エディター、カメラマン、アナウンサー、エンジニア、など具体的な職種を言うことが多い。デザイナー、タイピスト、ウェートレス、スチュワーデス、ツアーコンダクターなど女性の職種もカタカナ語が多く、ハイカラに響く。

ドラマ「劇」がギリシア語起源であることはすでに述べたが、劇作法、演劇論のドラマトゥルギーや、恋愛ものを扱ったメロドラマ（メロは旋律）もギリシア語である。劇に登場する人物は、ラテン語の形でdramatis personae（persons of the drama）という。one-act play（一幕劇）などのplayも劇だが、play a role（役割を演じる）のような動詞の用法の中に、dramaの動詞形drân（辞書見出し形dráô）の原義「演ずる、行動する」が見られる。このdráô（ドラオー）に当たるラテン語がagō（アゴー）（行う）で、

その名詞形がactus（行為）、actio（活動）となる。この
actioが英語のactionとなるわけだが、日本でもアク
ション映画、アクションドラマなどが用いられる。

　劇のうち、音楽的要素を中心にしたものがオペラだ
が、これは17世紀にイタリアで発達したので、イタリ
ア語がそのまま採り入れられた。日本語では歌劇とい
う。オペラはopera musica（音楽劇）の形容詞の部分が
省略された形だが、イタリア語の前身であるラテン語の
原義は「仕事、作品」だった。opusの複数がoperaであ
る。オペレーションは「作業」から「手術」（オペと略
す）、株式の「市場操作」となり、オペレーションセン
ターといえば航空会社の中央指令室を指す。オペレー
ターは電話交換手である。欧米の言語材がいかに多く、
深く、日本人の生活に浸透しているかを実感する。

salt（塩）王様が三人の娘に自分をどのくらい愛してい
るかを尋ねる。上の娘は神様のように、次の娘はダイヤ
モンドのように愛しています、王が一番愛していた末娘
はお父様を塩のように大事に思っています、と答えた。
「塩だって？」王は怒って、末娘を追い出してしまった。
人間は、パンと水のほかに、塩も必要だ。

Salt is the gift of the ocean,	塩は大海の贈り物、
The color of snow,	雪の色、
The taste of tears,	涙の味、
The enormity of oceans.	大海のように無限だ。

〔2002年、SASの機内食の塩袋にあった〕

Sanshirō（三四郎）夏目漱石の小説（1908）

　熊本の第五高等学校を卒業した小川三四郎は東京の大学に入学した。東京へ向かう車中で、三四郎は髭の男と知り合った。中学校の教師だと思った。郷里の先輩を訪ねた帰りに三四郎は大学の構内にある池のとほりで、うちわをかざした若い女性を見かけた。ある日、先輩の妹を見舞いに行ったが、その病院で、三四郎は、うちわの女と再会した。友人から広田先生を紹介された。この人は汽車の中で出会った髭の男だった。

　広田先生の引っ越しの手伝いに行ったとき、あの、うちわの女に出会った。彼女は里見美禰子といった。三四郎は彼女と徐々に親しくなっていった。団子坂の菊人形展に広田先生たちと一緒に出かけたとき、三四郎と美禰子は、みんなから、はぐれてしまった。そのとき、三四郎は彼女への感情を自覚した。

　二人の仲は深まるかと思われたが、三四郎は美禰子の態度に解けない謎を感じた。やがて、三四郎は美禰子が結婚するという、うわさを耳にした。三四郎は美禰子に真偽を問うた。美禰子は聞き取れないくらいに小さな声で「われはわが咎を知る。わが罪は常にわが前にあり」（I acknowledge my transgressions: and my sin is ever before me）と言って三四郎の前から姿を消した。

　『それから』1909（p.13）、『門』1910（p.53）とともに三部作をなす。『三四郎』で成就しなかった恋愛が『それから』と『門』で成就する。

Sanshōdayū（山椒大夫）森鷗外（1915）

　母と娘と息子が筑紫（福岡）に赴任している父を訪ねて岩代（福島）から九州に向かっていた。母は30歳、娘の安寿は14歳、息子の厨子王は12歳だった。越後（新潟）に出たとき、人買いから、筑紫まで行くのであれば、陸路より航路のほうが安全だと言われたが、これは三人を騙すためだった。厨子王と姉は丹後（京都）へ、母は佐渡へ売られてしまった。

　丹後へ連れて行かれた厨子王と姉は、山椒大夫のもとで働くことになった。厨子王は芝刈が、姉の安寿は汐汲みが仕事であった。二人はお互いに励まし合いながら働いていた。冬が過ぎたころ、姉も芝刈りに行けるよう、山椒大夫に頼んだ。

　厨子王と姉は仕事場に出かけたが、姉は、いつもとは違う高台へ行き、「私に構わず、都へ逃げなさい」と厨子王に告げた。厨子王は姉の言いつけに従い、目に涙を浮かべながら都に向かい、追手から無事に逃げ切ることが出来た。

　京都で厨子王は出世し、7年後には丹後の役人となった。そして人身売買（slave trade）を禁止して、部下に母と姉の情報を探らせた。

　姉は厨子王を逃がしたあと、自殺していた。しかし、母は盲目となって佐渡で生きていることが分かり、無事に再会を果たした。厨子王は山椒大夫に復讐し、奴隷のように働いていた若い男女を解放した。

Sata Ineko（佐多稲子、1904-1998）キャラメル工場から
（1928）。ひろ子は貧しかったので、小学校5年からキャ
ラメル工場で働いていた。ある朝、祖母が言った。「も
う一杯食べといで」「だって急いで食べられない。遅く
なると困るんですもの」つい四、五日前に彼女は初めて
遅刻した。だが彼女の工場では遅刻が許されなかった。
工場の門限はきっちり七時であった。遅れた彼女はその
日一日を否応なしに休ませられた。彼女が家を出たのは
暗い内だった。だが彼女の前には鋼鉄の鉄戸が一ぱいに
下りていた。間に合わなかったのだ。ひろ子はこごえる
よりも遅刻がおそろしかった。まだ電燈のついている電
車は、印襦袢や菜葉服で一ぱいだった。ひろ子は大人達
の足の間から割り込んだ。彼女も同じ労働者であった。
か弱い小さな労働者、馬に食われる一本の草のような。
「感心だね、ねえちゃん。どこまで行くんだい」席をあ
けてくれた小父さんが言葉をかけた。「お父ちゃんはど
うしているんだい」「仕事がないの」ひろ子はそれが恥
ずかしかった。その後ひろ子は住み込みのチャンそば屋
に転職した。（『プロレタリア芸術』1928年2月号）

　佐多稲子は18歳の中学生と15歳の女学生との幼い恋
愛から生まれた。その後、同じ傾向の文学青年窪川鶴次
郎と結婚した。

Sazaesan（朝日新聞1949-1977）テレビ最長寿マンガ。
作者・長谷川町子（1920-1992）美術館（1985）世田谷
区。町子は妹で姉がいる。サザエさんの年齢23〜27歳。

Scott, Sir Walter（1771-1832、スコットランドの詩人）はRobert Burns（1759-1796）とともにスコットランドの生んだ最大の詩人であった。The Lady of the Lake（1810, Canto first, 1）の冒頭の部分

 The stag at eve had drunk its fill,
 Where danced the moon on Monan's rill.
 夕暮、月光がモーナンの小川に映るとき、
 牡鹿は月影を砕いて水を飲む。

写真は『世界名著解題』誠文堂 1927, p.185.

の danced the moon を馬場孤蝶（1869-1940）は「月影を砕いて」と見事に訳している。慶応大学教授、英文学者で、樋口一葉（1872-1896）と交流あり。『湖上の麗人』とは Loch Katrine の小島に追われ身の父と隠れ住む Ellen を指す。Loch（湖）_{ロッホ}はスコットランドに多く見られる。この物語詩は6 canto からなり、6日間の出来事を述べる。

The Complete Poetical Works of Scott. Edited by Horace E.Scudder (The Cambridge Edition of the Poets, Houghton Mifflin Company Boston, 1900).

頭 韻 の 例：o'er mountain and meadow, moss and moor 野越え山越え沼地越え；fellest foe 宿敵；deep debt 巨額借金。

The Vision of Don Roderick（1811）はスペインの最後のゴート国の王 Don Roderick がサラセン人との戦いに敗れ、ムーア人（サラセン人）の支配下にはいるが、やがてキリスト教が回復し、新世界の発見（コロンブス）、スペイン宮廷の衰退、ナポレオンの侵入、英国のウェリントン公爵のビトリア戦勝利、Napoleon の追放までを描く。西ゴート人は419年以後スペインに侵入し、507年南フランスにトロサ王国（Tolosanisches Reich）を築いた。この時のゴート語人口は20万であった。スペインにはアルフォンソ Alfonso 'noble-mighty'、フェルナンド Fernando 'peace-fearless'、ロドリーゴ Rodrigo 'fame-mighty' などゲルマン系の名が多い。その後、スペイン

全土に居住したゴート人が、711年、ムーア人（アラビア人）のために滅びた。ムーア人の支配は1492年の国土回復まで続いた。

scripta in otio（徒然草）吉田兼好（c.1283-1352以後）の随筆。「つれづれなるままに…」で始まり、「何ごとも古き世のみぞ慕わしき」（One yearns after the old days in everything）と、自然や人生についての感想や思索を歌っている。scripta in otioはラテン語で「ひまなときに書かれたもの」written in leasureの意味。

Scythia（スキュティア）スキュタイ人の国。前6世紀から前3世紀まで黒海北方の草原地帯にいたイラン系の遊牧民族。グリム兄弟の『ドイツ伝説』379によると、フン族の猟師たちがアゾフ海（the Sea of Azov, Maotic Sea）の岸に来たとき、目の前に一匹の牝鹿があらわれた。牝鹿は海の中に入り、前に進んでは立ち止まりして彼らに道を案内した。海だから渡るのは不可能、と思っていたのに、目の前にスキュタイの美しい国を発見した。彼らは国に帰り、新大陸の発見を告げた。一同は喜び勇んで新しい土地に移住した。今日のコーカサスのオセティア（Ossetia、首都ウラジカフカス）にあたる。

Shigenobu（重信房子、町田市出身、1945- ：2006年禁固20年の判決を受け、服役中）の娘、重信メイ。1973年ベイルート生まれ。父はパレスチナ人の活動家。レバノン大学で国際政治とジャーナリズム専攻。2001年母が逮捕されると同時に日本に来た。日本のほうが安全。

Shiokari Pass（塩狩峠）三浦綾子の小説（1968）

　塩狩峠は北海道の宗谷本線・旭川から北へ6駅さき、塩狩駅の手前にある。主人公の永野信夫が明治10年（1877）東京の本郷に生まれ、明治42年（1909）塩狩峠で亡くなるまでの生涯が描かれている。

　信夫は8歳のとき、自分の生みの母に初めて会った。母は、小学校の根本芳子先生のように美しく、よい香りがした。妹がいることも知らなかった。信夫の母がクリスチャンだったので、祖母がこれをきらって、お前の母は死んだと言い聞かせて育てたのである。

　その祖母が死んだので、信夫は日本銀行勤務の父と母の菊と妹の待子と4人で暮らすことができるようになった。肉や卵焼きを初めて食べた。とてもおいしかった。祖母は魚や野菜の煮つけしか食べさせてくれなかった。

　小学校で吉川は信夫の無二の親友だった。吉川には、待子と同年の妹ふじ子がいた。ふじ子は、自分の妹と同じにかわいい子だったが、足が少しびっこだった。4人でお手玉、おはじき、かくれんぼをして遊んだ。かくれんぼのとき、すぐそばにいたふじ子の足を初めて見たがそのときの感触が忘れられなかった。吉川は「お坊さんになる」、信夫は「先生になる」と将来を語り合った。

　吉川の父は郵便局に勤めていたが、酒飲みで、借金がかさなり、一家は北海道へ引っ越さねばならなかった。吉川は小学校を卒業すると、すぐに札幌の鉄道に勤めて一家を養うことになった。信夫も、父が同じころ卒中で

亡くなったので、中学を卒業すると、就職した。父の上司の世話で裁判所の事務員になった。

　信夫は、北海道に渡ったふじ子が何の罪もないのに足が不自由で、その上肺病とカリエスで寝ていることを知った。彼は可憐なふじ子が手のとどくところにいたいと思って東京を離れ、札幌の炭鉱鉄道会社に転職した。カリエスは結核菌で骨が腐る病気だ。貧しい吉川はふじ子が医者にかかる余裕はない。信夫は名医と評判の先生を訪ねた。「必ず治るという信念をもつこと、小魚や野菜をよく噛んで食べ、身体をきれいに拭くこと」という助言を得て、ふじ子の兄と母に伝えた。ふじ子は少しずつ健康を取り戻した。信夫が25歳のとき21歳のふじ子に求婚した。7年後ふじ子は結婚できるまでに回復した。

　だが、日曜日、信夫が伝道からの帰途、塩狩峠に来たとき、機関車から客車が切断されて、スピードで下り始めた。信夫はこの作業の責任者ではないが、ハンドブレーキで客車をとめようとして、車輪の下敷きになった。乗客は全員が助かったが、信夫が犠牲になった。32歳だった。最愛の人を失ったふじ子は信仰が助けてくれるだろう。Fujiko will be consoled by faith.

Shōwa（昭和 'bright peace'、1926-1989）昭和は歌の黄金時代、歌は心の栄養。上海の花売り娘、蘇州夜曲、リンゴの唄、東京の花売り娘、星の流れに、異国の丘、長崎の鐘、上海帰りのリル、夜来香、雪の降る町を、君の名は、東京のバスガール、有楽町で逢いましょう…

Skyliner（スカイライナー）

　童話と空想の天才であったアンデルセンは、1000年後には人間も鳥と同じように空を飛ぶことができるだろう、と予言したが、この夢は、予想よりもはるかに早く、1903年に、ライト兄弟によって実現した。

　羽田空港は都内から便利な電車があるが、成田空港までは時間がかかる。そこで上野からはスカイライナーという便利な特急が誕生した。ライナーは一直線に走るの意味である。スカイツリー、スカイタワー、スカイスクレーパー（摩天楼）とならんで20世紀の新語である。

　スカイレストランは空中に浮かんでいるような高層ビルのレストランのことである。東京の渋谷にあった東邦生命ビル31階のオスロというスカイレストランは、その名のとおり、新宿や池袋を一望のもとに見おろしながら、北欧の肉料理・野菜料理40種類とドリンクをバイキング形式で楽しめる。筆者は1976年以来大学院学生と一緒に何度か利用したが2004年に閉店してしまった。

　空港は和語でいえば「空の港」だが、英語airportと同様、実にうまい造語である。このような表現（翻訳借用）が明治時代以後、日本語を豊かにした。

　お父さんと喧嘩したお母さんが娘に電話で「おかあさんパリに渡米してくるからね」と言って出発してしまった。外国に行くことが「渡米」なのか。留学は外国に勉強に行く意味だが、国内留学、駅前留学（という名の外国語教室）など、世界はせまくなった。

sleeping deposit（＝sleeping money）眠っている預金。1,400兆円のうち65％を老人が無意味に握っている。2012年。眠っていると、経済が停滞する。sleeping account は休眠口座で2,500億円あり1万円以下が9割。

snow（雪の降る町を）2006年11月26日（日）童謡 nursery song（NHK）。童謡の日本語は美しい。ほとんど全部和語である。雪の降る町を、雪の降る町を、思い出だけが通りすぎて行く。足音だけが追いかけて行く、雪の降る町を。1953、作詞：内村直也、作曲：中田喜直、唄：高英男（1918-2009、サハリン生、1951年ソルボンヌ留学：中原淳一訳詩『枯葉』）Through the snowing street, through the snowing street passes memory only, footsteps only run after through the snowing street… ［ド］Durch die schneiende Strasse, durch die schneiende Strasse, geht nur Erinnerung vorbei, laufen nur die Schritte nach, durch die schneiende Strasse. ［フ］Sur la rue neigeante, sur la rue neigeante, ne passe que souvenir, courent seulement les pas après, sur la rue neigeante.

snowdrop（松雪草）雪の滴（drop）が落ちて花が咲きだす。マルシャークの『森は生きている』p.198. ロシア語はpodsněžník という。pod は「下に」、sneg は「雪」、-nik は「…する者」で、全体で「雪の下から咲くもの」の意味。ドイツ語Schneeglöckchen「雪の小さな釣鐘」、フランス語perce-neige「雪を突き破るもの」。

Sōseki（夏目漱石、1867-1916）は「文士の生活」（1914
大阪朝日新聞）の中で次のように述べている。「私が巨
萬の富を蓄へたとか、立派な家を建てたとか、土地家屋
を賣買して金を儲けて居るとか、種々な噂があるやうだ
が、皆嘘だ。巨萬の富を蓄へたなら、第一こんな穢い家
に入って居はしない…此家だって自分の家では無い。借
家である。月月家賃を拂って居るのである。…ではあな
たの収入は？　と訊かれるかも知れぬが、定収入といつ
ては朝日新聞から貰つている月給である。月給がいくら
か、それは私から云つて良いものやら悪いものやら、私
にはわからぬ。聞きたければ社の方で聞いて貰ひたい。
それからあとの収入は著書だ。著書は十五六種あるが、
皆印税になつて居る。すると又印税は何割だと云ふだろ
うが、私のは外の人のよりは少しは高いのださうだ。こ
れを云つて了つては本屋が困るかも知れぬ…。一體書物
を書いて賣るといふ事は、私は出来るならしたくないと
思ふ。賣るとなると、多少慾が出て来て、評判を良くし
たいとか、人気を取りたいとか云ふ考へが知らず知らず
に出て来る。品性が、それから書物の品位が、幾らか卑
しくなり勝ちである。理想的に云へば、自費で出版して、
同好者に只で頒つと一番良いのだが、私は貧乏だからそ
れが出来ぬ…」「借家は7間あり、このうち2間を私が
使っている。子供が6人もあるから狭い。家賃は35円で
ある。植木はみな自分で入れた。植木屋は、ときどき若
い者を連れて手入れに来る。これもなかなか金がかかる」

180

Sōseki Sanbō（漱石山房記念館）漱石生誕150年を記念して東京都新宿区早稲田南町7に三階建の記念館が建設され2017年9月24日に開館した。漱石一家は1907年早稲田南町に転居、土地300坪に七間あり、家賃は月35円であった。漱石山房はこの家にあり、木曜会（1907-1916）には寺田寅彦、鈴木三重吉、小宮豊隆、中川芳太郎（p.133）、森田草平、エリセーエフ（p.39）らが参集した。ラフカディオ・ハーンの後任として漱石（1867-1916）は東京帝国大学の英文科講師になったが、英文学教授の内定も、博士の称号も断った。1907年、朝日新聞が大学教授なみの報酬を約束したので、入社した。『吾輩は猫である』は岩波書店の『漱石全集』第1巻に載っている（538頁、解説・小宮豊隆）。『坊ちゃん』『三四郎』『それから』『門』『こころ』などの名作が朝日新聞に掲載された。鏡子夫人との間に二男五女の子供に恵まれたが、結婚生活は緊張の連続だったと伝えられる。東京府立第一中学校（一つ橋）の変則課程に学び、地理、歴史、数学、動植物の科目も英語の教科書で習った。東京帝国大学在学中に英訳した「方丈記」（1893, Hojio-ki 'Notes from a ten foot square hut'）は岩波『漱石全集』26にある。作家スタートは遅く、38歳のときである。執筆活動は12年であった。手紙を好んで書き、2500通が残っている。『明暗』執筆中、胃潰瘍のため倒れた。Pity is almost love. を漱石は「かわいそうだは惚れたってことよ」と訳した。

Spider's Thread, The（蜘蛛の糸）芥川龍之介作。

　ある日、お釈迦様が極楽の蓮の池のふちを、ひとり、ぶらぶらお歩きになっていらっしゃいました。

　そのとき、地獄の下をのぞいて見ますと、血の池で、大勢の罪人がもがき苦しんでいるのをご覧になりました。

　その中に、犍陀多（カンダタ）という男の姿が目にとまりました。彼はいろいろな悪事を行ないましたが、生前に一度だけよい行いをしました。それは、小さな蜘蛛を一匹踏み殺そうとしましたが、思いとどまったのです。

　お釈迦様は、この男を救い出してやろうとお考えになりました。そこで、極楽から一本の蜘蛛の糸を垂れさがらせたのでございます。それを見たカンダタは喜んで、その糸につかまりました。

　一生懸命にその糸をたぐりながら、上へ、上へと登って行き、途中で一休みして、下を見ますと、大勢の罪人が自分のように、蜘蛛の糸にすがりついて、よじ登ってくるではありませんか。カンダタは叫びました。「この糸はおれのものだ。降りろ、降りろ」と。

　その途端に蜘蛛の糸はプツン、と切れてしまいました。そしてカンダタは、ふたたび、地獄へまっさかさまに、落ちてしまいました。

　自分だけ助かろうとしたカンダタの無慈悲な心を罰したのでした。お釈迦様は静かに蓮の池から立ち去りました。［注］カンダタ kandaṭa はサンスクリット語で食用のスイレン（white esculent water-lily）

Sports news（スポーツニュース）

　なまけ者はいつも忙しい（バスクのことわざ）という
が平均的サラリーマンも、平均的主婦も、学生も忙しい
らしい。だから、朝のNHK90秒スポーツニュースが出
勤前の「おいそが氏」には歓迎されるのだ。

　この単語、スポーツもニュースも、すっかり日本語の
中に根をおろしてしまった。あらかわそおべえの『外来
語辞典』によると、「1884年、ペルシアあるいはインド
に行はるるところのスポルツは象を用いて遊戯するをい
ふ」と丸善の『百科全書』にあるという。100年以上前
の輸入品だ。

　同じく、ニュースについて、正しくはニューズ、new
（新しい）から出た語で、新しいことの義とあり、新聞
の種すなわちニュースとある。1885年ごろらしい。

　スポーツニュースを日本語にしたら競技情報だろうか。

　スポーツ（sport）。日本語は語末の-tが苦手で、shirt
をシャツ（-ts）としたり、レポート（report）のように
-toとして採り入れている。sportはdisport（気をまぎら
す）の接頭辞dis-が脱落した形（aphetic form）である。
スポーツ界は英語が圧倒的に強く、ドイツ語でも同じ綴
りでSport（シュポルト）、語頭に子音連続が苦手のフラ
ンス語もsportとして採り入れて、スポールと発音して
いる。

　人気のサッカーの英語の初出は1889年（日本では
1926年）。19世紀後半にロンドン・フットボール協会が

183

設立され、その協会のルールを守るようにassociation
footballと呼ばれたが、soc- の部分を強調するためにsoc-
に -erをつけて、最初sockerと呼ばれ、次いでsoccerと
綴られるようになった。フットボールの一種ラグビー
（Rugby）はそれが盛んだった英国の公立学校の名前か
らきている。

　soccerのoをアと発音するのはcollegeカレッジや
volleyballバレーボールと同様、アメリカ英語である。

　その最高の名誉であるワールド・カップ（world cup）
という言葉も英語だ。ワールド・リーグ、J・リーグの
リーグ（league）は連盟・同盟の意味で、語根*leg-（結
ぶ）からきて、religion（宗教）の lig- と同じ要素である。
キリスト教においては神と人間の間の契約である。

　このワールドからワールドシリーズを連想するが、こ
れは野球用語で、アメリカの二大リーグであるナショナ
ル・リーグとアメリカン・リーグの優勝チームが争う世
界選手権のことである（日本初出は1926年）。baseball を
「野球」はうまい訳語で、フットボールやテニスが「蹴
球」や「庭球」よりも普及しているのと対照的だ。

　テニス（tennis）の日本初出は1884年と丸善『百科全
書』にある。語源はフランス語tenez（トゥネ）！「（球
を）とれ」からだと言われている。1836年、英語からフ
ランス語にそのままの形でtennisとして逆輸入された。

　スポーツ用語は日本語の輸入超過だが、judo, karate,
sumo など輸出品もある。

Star, The, the flower and the bird （星と花と小鳥）

小川未明（1882-1961）の童話集（1921）の一つ。原題は「王様の感心された話」だが、題と内容を少し変えた。

1. 世界が作られたときに、三人の美しい天使がいました。神様が言いました。「みな、自分がなりたいと思うものになりなさい。けれど、一度、姿を変えてしまったら、二度と、もとのような姿には戻れないよ。」 When the world was created, God said to three beautiful angels. You should become what you want to be.

2. 一番上の姉は「星になります」、次の妹は「花になります」、末の弟は「小鳥になります」と、希望を述べました。 The oldest sister wanted to be a star. The younger sister wanted to be a flower. The youngest brother wanted to be a bird.

3. 星は夜ごとに空に輝きましたが、遠いので、言葉をかわすことができません。 The star shone in the sky every night, but could not speak with her younger sister and brother, for she was far from them.

4. 二番目の、花になった娘は、夜ごとに空を見上げて、星から降ってくる露を身に受けました。 The sister, who became a flower, looked up into the sky every night, and received dew falling from the star.

5. 小鳥になった弟は、花になった姉のところへ行って、一緒に遊んだり、さえずったりすることが出来ました。 The brother could play and sing with his flower sister.

6. 何千年もたったとき、地上をつかさどる王様があらわれました。王様はアリやミツバチを見て、勤勉なのに感心しました。しかし、花は怠け者に見えました。星はあのように輝いて、何の役にたつのだろう、太陽のように暖かい光を送ってくれるわけではないのに。小鳥は、たえず、さえずっているので、やかましいと思いました。

7. 王様は、学者にたずねました。「あの星は、何のために、あんな高いところで輝いているのだ。太陽のように暖かい光を送ってくれるわけではないのに。」

8. 学者は答えました。「王様、この世の中は、みんな幸福な者ばかりではありません。貧乏な家に生まれた子供は、仕事に出た父母が、帰りが遅くなっても、さびしくないように子供たちを慰めているのです。」

9. 花は、大勢の子供ができて、いろいろの種類の花になりました。花は、家でも、公園でも、会社でも、病院でも、美しく咲いて、人々を慰めました。王様の庭にも、たくさん美しい花が咲きました。

10. 小鳥は、朝は人々を眠りから起こし、学校や仕事に行く準備をさせてくれます。昼間は野に働く人々を元気づけます。

11. 王様は、星も花も小鳥も、みんな人々のために働いていることを知って、感心しました。星も花も小鳥も人々から愛され、詩人から歌われています。星と花と小鳥は言葉を交わすことはできませんが、夜明けに顔を合わせて、たがいに元気でいることを確かめました。

186

Stevenson, Robert Louis（スティーブンソン、1850-1894）英国の作家。『宝島』1883. 英国のブリストルの宿で働く少年ジムは宝島の地図を見つけた。ヒスパニオラ号という船で、その島に探検に出かけた。一本足の海賊シルヴァーと戦い、港に宝物を持ち帰り、全員と分けあった。

stone flower（石の花、ドイツ語Steinblume、ロシア語kámennyj tsvetók）ウラル民話。パーヴェル・ペトローヴィチのカラー映画（1936）。中学3年のとき全員が先生に連れられて、映画教室で見た（1950）。文部省の方針だったのかもしれない。カラー映画の技術はソ連がドイツから盗んだといううわさだった。

students（called for battle）学徒出陣4万人（1943）うち4,000人が犠牲に。復員した学生は懸命に勉強した。

Student Times（スチューデント・タイムズ）

　Student Timesは週刊の英字新聞で、ここ20年ほど購読している。2015年5月29日号に次の記事があった。

　John F.Kennedy was a speed reader. He could read 2,500 words per minute, nearly ten times the average.（ケネディは読書が速かった。毎分2,500語を読むことができた。平均の10倍近い速度である）。

Styx（三途の川）を渡っている兄に向って弟と妹が手を振っているベトナム映画。アメリカ人が作ったら、わざとらしく映るがベトナム作品ならリアルに響く（映画評論家・佐藤忠男、81歳）。兄に向っていう We love you. が日本語では「兄貴、死ぬなよ」と名訳している。

Sweet, Henry（ヘンリー・スウィート）

Henry Sweet（1845-1912）はオックスフォードの Institutio Tayloriana（近代語研究所）の音声学助教授（Reader in phonetics）であった。1903年秋、文部省留学生だった平田禿木（1873-1943）がスウィートの「近代語の実際教授法」の講義に行ったら、自分一人だけだった。Henry Sweet は『最古の英語テキスト』『学生用アングロサクソン語辞典』『アングロサクソン語入門』『近代英文法2巻』などで英語学史に燦然と輝いているが、当時、オックスフォード大学は Sweet を教授に採用しなかった。しかし出版局 Clarendon は Sweet の本を全部出版してくれた。

平田禿木が聴講した講義名の The Practical Study of Modern Languages. A Guide for Teachers（London, Dent 1899）は日本語訳が二つある。1901年八杉貞利述『外国語教授法』宝永館（114頁）があり、戦後、小川芳男訳『言語の実際的研究』英潮社（1969, xiv, 304頁）が出た。文学士・八杉貞利の訳述（全21章のうち最初の16章のみ）は1901年10月、ペテルブルクに向かう直前に完成した。

言語の学習には音声学の知識が不可欠であるから、発音記号（phonetic symbols）で記されたテキストから始めるのがよいとの主義から Sweet はドイツ語で『口語英語入門』Elementarbuch des gesprochenen Englisch（Oxford, 1885）を出版した。好評だったので英語版A

188

Primer of Spoken English（Oxford 1890）も出した。た とえば-ðə -z noubədi ðeə と最初に発音記号を与え、あ とで文字'es ist niemand da'（there's nobody there）を 示す。-ðə -zの前にある-は弱アクセントを示す。ðə （there）と ðeə（there）に見える母音の相違（ə と eə： ゼロと e）は母音交替（ドイツ語 Ablaut, 英語 vowel gradation）と呼ばれ、ラテン語 s-unt（they are）と es-t （he is）に見える s と es と同じである。sing-sang-sung や sing-song（動詞・名詞）も類似の母音交替である。when は疑問文ではアクセントがあるが、関係副詞の場合はア クセントがない。-ɑj ʃl sij -im -when -ij :kɑmz bæk´, -bət -ɑi dount :nou when -ijz kɑmiŋ「彼が帰って来たら会う ことにしよう。だが、いつ帰るか私は知らない」。この- はアクセントがないことを表し、: は中アクセント（中 程度のアクセント mittelstark）を表す。´は上昇音調 （steigender Ton）、`は下降音調（fallender Ton）を表 す。im, ij, ijz は him, he, he's であるが、代名詞の場合、h がきわめて弱く発音される。Beyer-Passy のフランス語 入門も発音記号中心である。

　音声学の基本図書 A Handbook of Phonetics（Oxford 1877）のリプリントが1998年、三省堂から木原研三編 注で xx, 234pp. 4,800円（35ドル）で出た。原本は市河 三喜が1912年、Sweet 蔵書から購入して持参した。ほか に The History of Language（London, Dent & Son, 1900, 148pp.）があり、金田一京助訳著『新言語学』子文社、

1912（xxv, 427pp.）の翻訳がある。言語の変化の原理は経済性である。中世英語のby cause thatがbecauseとなり、音声言語で［koz］とさえなる。

　筆者は1995年9月、オックスフォードのセント・ピーターズ・カレッジで開催されたヘンリー・スウィート生誕150年のコロキウムに参加し、Sweet and Jespersen in Japanを発表した。その後、希望者10名ほどがウルヴァーコート（Wolvercote）にあるスウィートの墓地を訪れ、司会者Dr.Macmahon（Glasgow）の指示で、私は参加者を代表して、次のショートスピーチを英語で行った。「ここに集まったヘンリー・スウィートを愛し尊敬する人たちを代表して。私たちはあなたが授業をなさったテイラー研究所を見学しました。あなたが近代語の実際教授法の授業をなさったとき、日本からの生徒が一人いるだけでした。その人は文学を研究している人でした。もう亡くなられた東京帝国大学英語学教授の市河三喜博士が1912年にオックスフォードに来たときには、スウィート先生、あなたにお会い出来ませんでした。」

syllabication（分節）英語はfa-ther, moth-erのように母音が長い場合は、そこで、短い場合は子音を前に引き寄せて音節を作る。デンマークの言語学者イェスペルセン（1860-1943）はfa-のような場合loser Anschluss（ゆるいつなぎ）、moth-のような場合fester Anschluss（かたいつなぎ）と呼ぶ。同様に英語はtyp-i-cal（ティピ カル）と分節するが、ドイツ語はty-pisch（テュービッシュ）、フランス語はty-pique（ティ ピク）と切る。

190

Takase Boat（高瀬舟）森鷗外の小説（1916）

　高瀬舟は京都の高瀬川を上下する小舟である。徳川時代に京都の罪人が遠島（send away to a distant island）を申し渡されると、本人の親類が牢屋敷へ呼び出されて、そこで暇乞いをすることが許された。それから罪人は高瀬舟に乗せられて、大阪へ回された。

　それを護送するのは、京都町奉行の配下にいる同心（下級の役職）で、この同心は罪人の親類のうちの一人を大阪まで同じ船に乗せることが慣例であった。

　喜助という罪人が高瀬舟に乗せられた。高瀬舟に乗る喜助の顔が嬉しそうなのに気付いた護送係の羽田は、理由を尋ねた。喜助は、苦しいばかりの人生を過ごしてきたが、牢屋に入ってからは、働かなくても食べることができ、その上、遠島を言い渡された者は200文（今の5,000円）を与えられるからだという。

　喜助は幼いころに両親と死別し、弟と二人で生きてきた。去年の秋、弟は病気で働けなくなった。ある日、弟が剃刀で喉を切って、自殺を図った。死ぬことができなかった弟は喉の剃刀を抜いて、楽にしてくれと喜助に頼んだ。喜助が決心して、弟の喉から剃刀を抜いたとき、近所の婆さんが家に入ってきた。

　救う手段のない弟の苦痛を見かねて、死の手伝いをした喜助の行為が罪といえるのか、護送係の羽田には分からなかった。

　寛政（1789-1801）のころの話である。

Tea and coffee（お茶とコーヒー）

　お茶とコーヒーは家庭でも喫茶店でも、おなじみだ。お茶は中国語から、コーヒーはアラビア語から全世界に広まった。コーヒーはオランダから日本に入った（1879）。

　日本にお茶が伝わったのは1191年、宋の国からで、茶の湯とともに広まった。英国にお茶が入ってきたのは1662年、ポルトガル王の娘カテリーナが英国王チャールズ2世のもとへ嫁ぐ際に持参した。1702年に即位したアン王女は紅茶を愛し、王室内に茶会を開いたことから、モーニング・ティーやアフタヌーン・ティーが普及した。

　coffeeはアラビア語からトルコ語kahveを経てイタリア語caffèからヨーロッパ諸語に入った。今は1時間の労働でコーヒーを飲めるが、昔は贅沢品だった。

　フランスのタレーラン・ペリゴール（1754-1838）はナポレオンやウィーン会議（1814-15）の激動時代に活躍した外交官で、コーヒーの理想像を次のように描いた。「コーヒーは地獄のように熱く、悪魔のように黒く、天使のように清く、恋のように甘いのがよい」Mon café, je l'aime noir comme le diable, brûlant comme l'enfer, pur comme un ange et doux comme l'amour.

terminal（終着駅、1971）詞：千家和也、曲：浜圭介、唄：奥村チヨ「最終列車が着くたびに、よく似た女が降りてくる、今日もひとり、明日もひとり、過去から逃げてくる」a woman who looks like her gets out of the train, running away from the past.

Tiger-Poet （山月記）中島敦 あつし （1909-1942, p.96)

　私は中国の高級官吏の試験にパスしたが、詩作に熱中するあまり、妻子を顧みず、トラになってしまった。題名の山月はトラが山の上から月にむかって吠えるの意味である。Ivan Morris は The Tiger-Poet（トラになった詩人）と英訳している。

1.　これは中国の話で、詩人がトラになった物語です。

　This is a Chinese story. The story tells how a poet turned into a tiger. The Japanese title means the tiger howling at the moon from the mountain.

2.　私リチョウは高等公務員試験に優秀な成績で合格しました。一緒に合格したエンサンと親しくなりました。

3.　詩を書くことに熱中して、妻や子供たちのことを考えませんでした。同期に公務員になった友人たちは、どんどん出世して、偉くなりました。私は地位が低いままで、ある地方の役所に転勤になりました。家族は都会に残して、一人で地方に向かいました。

4.　宿屋で寝ていると、夜中に、声がするのです。出て来なさい、私について来なさいと。私はその声にしたがって野原を走っていると二本足が四本になっていました。

5.　夜が明けたので、川で自分の姿を見ると、なんと自分はトラになっているではありませんか。いや、これは夢だ夢にちがいない、と一生懸命に自分を否定しました。

6.　そのとき、一匹のウサギが横切りました。私はウサギをつかまえて、食べてしまいました。

7. これは私がトラになってしまった最初の証拠でした。しかし、一日のうち何時間かは、人間の頭をもっていて、詩を作ることができるのです。

8. ある日、昔の友人エンサンが大勢のお供を連れて、この地方にやってきました。その友人は立派な地位についていたのです。山のふもとの宿屋の主人は、夜あの山にトラが出るから危険だと旅人たちに知らせました。

9. エンサンは急ぐので、まだ暗いが出ます、仲間がいるから大丈夫です、と答えて、出発しました。

10. 山のふもとで、トラがおそいかかろうとしましたが、「あぶないところだった」という声が聞こえました。

11. 「もしや、その声は昔の友人のリチョウではないか」

12. トラは自分の身の上を話し始めました。「私はリチョウです。私はひとかどの詩人であると才能を自慢していました。罰があたってトラになってしまったのです。」

13. 「お願いがあります。一つは、私の作品のうち、30ほどを書き取って、後世に伝えてください。もう一つは私の家族に、私は死んだと伝え聞いたと告げてください。もし私の家族が生活に困っていたら助けてください。」

14. 「わかった。すべて、きみの希望通りにするよ。」

15. 「それから、きみが、もう二度と私の姿を見たくないように、山の頂上に、夜明けに、私がトラになった姿を見せるから、それを見てください。」

16. 友人とその一行は、トラが月に向かってほえている姿を見て、旅を続けた。

194

Treasure Ghost（宝おばけ）日本の昔話。

　むかし、一人のさむらいが、おばけが出るという空き家に泊まりました。真夜中になると、家の床下から、黄色い着物を着た人があらわれて、庭に向かって「さいわい、さいわい」と呼びかけました。すると、庭から「へえい」と返事がきて、二人で話し合っていましたが、やがて消えてしまいました。今度は、白い着物を着た人があらわれて、また「さいわい、さいわい」と言いました。そして「へえい」の声が聞こえて、消えてしまいました。三度目には赤い着物を着た人があらわれ、同じことが起こりました。

　さむらいは、今度は自分がやってみようと思って、「さいわい、さいわい」と言いました。すると、庭から「へえい」と返事が聞こえました。さむらいは、恐れずに「お前は誰だ」と尋ねました。「わたしはつぼの精です（pot spirit）。むかし、この家には、大金持ちが住んでいました。床下のつぼに宝が入っています。黄色の着物を着ていたのは金の精、白い着物は銀の精、赤の着物は銅の精です。ぼくたちは、毎晩、だれかに見つけてもらいたかったのです。」

　翌朝、さむらいが床下を掘ると、大きな壺が三つあり、どれも宝物が一杯入っていました。

　［注］グリム童話の『三つの言葉』（KHM 33）。少年がイヌの言葉を覚えて、宝物が埋まっていることを知りました。少年はローマに出て、法王にまでなりました。

Truck, The（トロッコ）芥川龍之介『トロッコ』

　小田原と熱海の間に鉄道が敷設されるとき、土工（どこう）たちがトロッコで土や枕木を運んでいた。良平は8歳だった。上り坂にトロッコを押すのを手伝うと、下り坂でトロッコに乗ることができた。とても面白く、快適だった。ある日、二人の土工と一緒に、いままでにないほど、遠くまで来てしまった。「坊や、もう帰りな。ぼくたちは今晩、ここに泊まるんだ」と言って、茶屋の駄菓子を新聞紙にくるんでくれた。エッ、ぼくはビックリした。もう暗くなりかかっている。ぼくはトロッコの線づたいに、一生懸命に走った。町に着いたときには、もう明かりがついていた。やっとわが家にたどりついたときに、ぼくは安堵のために、ワッと泣きだしてしまった。ぼくが26歳になって、東京で校正の仕事をしながら、あのころをよく、思い出した。

Tsugaru（津軽海峡・冬景色、1977）作詞：阿久悠、作曲：三木たかし、唄：石川さゆり。「上野発の夜行列車、おりた時から、青森駅は雪の中。北へ帰る人の群れは誰も無口で…」all passengers returning for the north…

Tudor（チューダー王朝、1485-1603）Tudorはウェールズ語Tewdwrで、Theodoreにあたる。ウェールズは英国の一地方にすぎないが、7名が英国の王になった。特に有名な王はヘンリー8世（1491-1547）と、その息子エドワード6世（1537-1553）である。エドワードはマーク・トウェーンの『王子と乞食』に描かれている（p.154）。

Tulip（チューリップ）

リトル・トーキョーなる東京の中心地、新宿は休日も平日も、雨の日も酷暑の日も、人の洪水だ。新宿駅の西口を歩いていると小田急百貨店の入り口に「ニコニコ百花店」という看板が立っていた。「百貨」の「貨」はカタカナ語で言えば、ハードウェアやソフトウエアの「ウェア」にだが、「貨」より「花」のほうがロマンチックだ。

バラという漢字が書けますか、とテレビのコマーシャルにあった漢字は、いくつ画を使わねばならないのか。カタカナなら2文字、英語ならroseで4文字なのに。

花の女王である「バラ」も、次に位する「ユリ」も日本語だが、表題のチューリップはトルコ語 tülbend（テュルベンド）から来た。turban（ターバン）と同じで、花の開いた様子がターバンに似ていたためである。

西田佐知子の「アカシアの雨がやむとき」のアカシア（acacia）はラテン語、そのもとはギリシア語 a-kakía（無実）である。a-は否定辞（atheism 無神論）、kakós は「わるい」で、「わるいことは何もない」の意味である。

ヒヤシンスの語源はギリシア神話の Hyakinthos（ヒュアキントス）からきている。敵の投げた円盤が当たってヒュアキントスが死んだとき、太陽の神アポロンは、彼を憐れんで、早春に咲く紫色の花ヒヤシンスに変えた。

ダリア（dahlia）はメキシコ原産であるが、スウェーデンの植物学者 Anders Dahl（1751-87）からダリアと名づけられた。スウェーデン語 dal は「谷」の意味。

Twelve Months（12の月、森は生きている）

　ソビエトの童話作家サムイル・マルシャーク Samuil Marshak（1887-1964）の戯曲（1944）。原題「12の月」は1月から12月までの神様を指す。湯浅芳子（1896-1990）が『森は生きている』（岩波少年文庫1953）と名訳した。

　主人公はロシアの女王と孤児アーニャである。女王の両親は若くして亡くなったので、国王の後を継いで、わずか14歳で女王になった。別の主人公アーニャも同じ14歳だが、彼女は継母とその娘にいじめられている。

　大晦日の日、女王は家庭教師から草花の授業を受けている。松雪草（snowdrop, p.179）の絵を見て「まあきれい、私、いますぐこの花を見たいわ」と言ったが、家庭教師は「4月になれば、ご覧になれます」と答えた。女王は、明日、お正月に宮殿に飾りたいから、すぐにお触れを出しておくれと言って大臣を呼んだ。大臣は宮殿の前で叫んだ。「明日の朝までに宮殿にカゴ一杯の松雪草を届けるべし。その者には、カゴ一杯の金貨を与える」。

　これを聞いたアーニャの継母とその娘は「森へ行ってカゴ一杯の松雪草を摘んで来い」と言って、アーニャを吹雪の森の中に追い出してしまった。

　4月の花が、12月の森の中にあるはずがない。だが、12人の神様がアーニャを憐れんで、3か月を1時間に縮めて松雪草を咲かせてくれた。アーニャの摘んできた松雪草が宮殿に届けられた。女王はアーニャと大の仲よしになり、わがままな女王も立派に成長するだろう。

Twenty-Four Eyes（二十四の瞳、1952）壺井 栄 著。

　瀬戸内海の島の小学校に新しい先生が赴任してきた。師範学校を卒業したばかりの若い女の先生で、大石久子という名だった。先生は、この地方ではまだめずらしい洋服を着て、自転車で通勤していた。生徒たちは「大石、小石」といってはやしたてた。お母さんたちはモダーンな姿に反感を抱いた。1年生の12人全員が大石先生が大好きだった。先生は生徒たちと海岸で童謡を歌った。

　先生はやがて、本校へ転勤になった。そして、船員をしている青年と結婚した。それから四年後、5年生になった12人の分校の子供たちは本校に通うようになって、また昔の大石先生に習うようになった。満州事変のころで、世の中は不景気だった。昔の12人の生徒たちの卒業とともに先生も学校をやめた。成長した男の子たちは兵隊にとられて行く。先生は耳もとに「名誉の戦死などといわずに、生きて帰ってくるのよ」とささやいた。

　しかし、5人の男の子のうち生きて帰ってきたのは2人だけだった。しかも、一人は失明していた。先生の夫も戦死した。戦後、ふたたび、先生は分教場で教えることになり、先生の歓迎会が開かれた。失明した男の子はむかし先生と一緒にとったクラスの写真は、はっきり見えるよ、脳裏に焼きついているから、と言った。先生は教え子たちを戦争や不合理な社会から守ろうとした。

　1954年松竹映画、木下恵介監督、高峰秀子主演、1964年テレビ、香川京子主演。壺井栄（1900-1967）

199

Ugetsu Monogatari（雨月物語 Tales in Rainy Season,
上田秋成、1776）の中からラフカディオ・ハーンが再話
した「守られた約束」と「破られた約束」を掲げる。

（1）守られた約束（The Promise Kept）

1. 兄と弟が仲よく暮らしていた。Two brothers lived
happily. 2. 兄は父の墓を訪れたいと言って、春に旅に
出た。The elder brother said, 'I want to visit our father's
grave', and set out in spring. 3. お兄さん、お帰りはい
つごろですか、と弟がたずねた。The younger brother
asked, 'Brother, when are you coming back?' 4. 秋に、
菊が咲くとき、9月9日に帰って来るよ。I'll be back on
September 9, when chrysanthemums bloom. 5. 出 雲
は、ここから、400キロもある。Izumo is 400 kilometers
from here. 6. 弟は、出雲は遠いので、予定通りに帰れ
るか心配した。Izumo was far away, so brother was
afraid if he could return on the appointed day. 7. 約束
の日、弟は、ご馳走とお酒を用意して、待っていた。On
the day he promised, brother prepared a good dinner
with sake, and waited. 8. 夕方になっても戻らなかっ
た。母は、もうお休みなさい。明日帰って来ますよ、と
言 っ た。Mother said, 'You should go to bed, he will
retutn tomorrow.' 9. 弟は、夜になっても、眠らずに
待った。すると、真夜中の12時に、兄が帰ってきた。
お兄さん、よく予定通りに帰ってくれました。ゆっくり
休んで、食事をしてください。10. ありがとう、だが、

もう私は行かねば、と言って、姿を消した。11. 兄は、出雲で、父のあとに将軍となった男に、家来になれと言われたが、弟が待っているからと断った。すると牢屋に閉じ込められてしまった。12. 兄は約束を守るために、自殺して、魂だけが帰って来たのだ。

(2) 破られた約束（The Promise Broken）

1. 夫は殿様に仕える武士だった。My husband was a samurai who served to his lord. 2. 妻が死ぬ寸前に夫に言った。「私が死んだら、再婚しないでください。私のお墓は、あなたと一緒に植えた、梅の木の下に作ってください、そして、ベルを吊るしてください。」3. 「お前の言うとおりにするよ」と夫が言った。4. 妻が亡くなったあと、彼女の希望通りにお墓を作った。5. 親戚や友人が言った。「お前は子供がいないんだから、このままだと、家屋敷が没収されてしまうぞ。」6. 最初は断っていたが、あまり、何度も言われるので、紹介された16歳の娘と結婚した。7. ある日、殿様の用事で夜勤せねばならなかった。8. 花嫁は不安げに床についた。夜、リンリンと鈴が鳴った。幽霊が出て来て花嫁に言った。「お前はこの家から出て行かねばならぬ。そして、その理由を誰にも告げてはならぬ」9. 翌朝、夫が帰宅したとき、花嫁が言った。「私は不安で眠れません。家に帰してください。」10. 次の夜も同じことが起こった。花嫁が言った。「どうか、離婚してください。」夫は言った。「正当な理由がなければ、離婚なんてできないよ。」そこで、花嫁は

201

本当のことを夫に告げた。「今度は、信頼できる家来に番をさせるから安心しなさい」と言って、夜勤に出た。その夜、真夜中に悲鳴が聞こえた。家来が駆けつけると、首のない花嫁が、血だらけになって、死んでいた。花嫁の首は、お墓の前に置かれていた。[私注：復讐なら、無実の花嫁にではなく、夫にすればよいのに]

una sera（ウナ・セラ・ディ東京、1968）英語でいえばone evening in Tokyo. 作詞：岩谷時子、作曲：宮川泰、唄：ザ・ピーナッツ；マヒナスターズ。「哀（かな）しいことも、ないのになぜか、涙がにじむ、ウナ・セラ・ディ東京…」マヒナ Mahina はハワイ語で「月」moon.

Ungrateful Soldier（恩知らずの兵士）スウェーデンとデンマークが戦っていた。デンマーク兵が水筒から水を飲もうとしたとき、倒れていたスウェーデン兵が、水を少し下さいと言ったので、敵だが、水筒を渡した。すると相手はピストルを撃った。さいわい弾は当たらなかったが「この恩知らずめ」と言って水筒を奪い返し、半分を自分が飲み、残りを敵に与えた。スウェーデン南部のスコーネ地方は昔、デンマーク領だった。（Baldwin）

Violet（すみれ）ゲーテ Das Veilchen (1775).英訳下宮
Ein Veilchen auf der Wiese stand [×´] [×´] [×´] [×´]
Gebückt in sich und unbekannt. [弱強四歩格]
すみれが野原に咲いていた。A víolét stood ón the méad
人目につかず、うつむいて。alóne and ínnocént indéed.
[あ、あの羊飼いだわ。あの人になら、踏まれてもいい]

Waseda（早稲田大学）私（五木寛之、1932-）は早稲田大学受験のために、博多から東京まで鈍行で3日かけて行った。当時は特急でも大阪まで12時間、そこからさらに特急で東京まで12時間かかった。希望の文学部露文科に合格したのはよいが、早速、今晩の宿を決めねばならぬ。早稲田大学文学部の地下室で寝ようとしたら、警備員にダメと言われた。しかたなく、近くの神社の軒下で寝た。翌日、学生援護会に行って、宿つきのアルバイトを探したら、思ったより早く見つかった。業界紙運搬と仕分けの仕事で、午前3時半、椎名町から上野まで、10人が自転車で行った。人も車もなく、いたるところから音楽が聞こえてきた。この仕事は1年でやめた。その後、田原総一朗が自分のあとにアルバイトに来た。地方から来た学生は、みな貧しかった。三年になったとき、授業料が払えないので、事務室に「中退します」と届けたら「二年分の授業料を払ったら中退できます」との返事。

　やっと物書きで食べられるようになったとき、ある宴会で一人の立派な紳士が私のところに来た。「五木寛之さんですか」「はい」「二年分の授業料を払っていただければ中退の手続きをとります」「はい、では、よろしくお願いします。」その紳士は早稲田大学の総長だった。

We are the 99 percent.（2011）ニューヨーク市民の99％は貧乏人だ。金持ちは1％だけだ、と怒れる市民が大通りを練り歩く。持てる者と持たざる者（haves and have- nots）が同居している。

Where love is, God is（愛あるところに神あり、1885）

トルストイの『民話』23編の一つ。

　靴屋のマルトゥイン・アヴデーイチ（Martyn Avdéich）は地下の小さな部屋に住んでいた。窓の一つは街路に面していて、通行人の足しか見えないが、靴を見ると、それを修繕した客の顔が分かる。近所の人はみな彼に修繕を頼んだものだ。腕がよいし、丁寧だし、よい材料を使い、料金は安かった。だから、仕事はたくさんあった。

　その彼が、親方から独立して一軒の店を構える前に、妻が死んで、3歳の息子を残した。最初、田舎に住む妹に育ててもらおうかと思ったが、やはりかわいそうだ、自分で育てよう、と決めた。その息子がやっと成長してこれから手助けをしてくれると喜んでいた矢先に、息子は熱病のために、1週間後に、あっけなく死んでしまった。マルトゥインは神を恨み、教会へ行くのをやめた。

　故郷の村の老人が、8年間の巡礼のあと、靴屋を訪れた。その彼に自分の悲しみを打ち明けた。これからという時に息子に死なれ、老人の自分は死にたい、と思っても死ねない、と。老人は靴屋を慰めて、こう言った。「聖書を読むと面白いよ。」靴屋は、最初、休日だけに読むつもりでいたが、読み始めると面白くなって、毎晩、仕事のあとに読んだ。読めば読むほど、心が軽くなった。聖書を読み始めるようになって、生活は一変した。以前は休日に飲食店（public house、ロシア語traktír＜ラテン語tractōria 客を扱うところ：イタリア語trattoría

204

はレストラン）に行って、お茶を飲んだり、ウォトカを飲むことさえあった。だが、いまは違う。日々の生活は平和に、楽しくなった。朝、仕事に取りかかり、夕方、仕事が終わると、壁からランプを降ろして、机の上に立て（stood it on the table）て、本を読んだ。

　ある朝、窓のそとを見ると近所のステパーヌィチが雪かきをしていた。靴屋は声をかけた。湯沸し（ロシア語でサモワール「samo自分でvar沸くもの」）はチンチンと音をたてている。「中へ入って、暖まりなよ。そしてお茶を飲みなよ。」すると雪かき老人は「ありがとう。骨が痛むよ」と言った。靴屋は「もう一杯どう？」と言って、コップ（tumbler、ロシア語stakán）を立ててもう一杯注いだ（stood it up again and refilled it for him）。靴屋がそとを見ているので、雪かき老人が言った。「どなたかお客さんでもあるのかい？」靴屋が「昨晩、寝ているとそとで声がするだよ。お迎えが来たのかもしれん。」

　その日の午後、窓のそとを見ていると、ひとりの婦人が乳飲み子をかかえて、壁によりかかり休んでいた。見知らぬ人だった。薄着の婦人が赤ん坊をあやそうとしたが、泣きやまない。マルトゥインは声をかけた。「中へお入りなさい。赤ちゃんを暖めてやりなさい。」婦人はエプロンを着てメガネをかけた老人を見て、驚いたが、その言葉にしたがって、中に入り、階段を降りた。老人は彼女をベッドに案内した。「ストーブの近くに腰をかけなさい。身体を暖めて、それから赤ちゃんにお乳を与

えなさい。」「お乳が出ません。私自身、朝から何も食べていないのです」と婦人は言った。老人はお鍋にキャベツを入れてスープを作った。テーブルに布をかけ、スープとパンを置いた。婦人は十字を切って（お祈りして）坐り、食べ始めた。老人は、自分の子供が、これからという時に、病気で亡くしたことを語った。それから、目の前にいる赤ん坊をベッドに置いて、あやそうとした。自分の指を口元に持って行ったり、ひっこめたりした。最初は泣きやまなかった赤ん坊が面白がって、笑い始めた。婦人は食事をしながら身の上を話し始めた。「私は兵士の妻です。夫は8か月前に出征しましたが、便りがありません。子供が生まれるまでは料理女として雇ってもらっていましたが、子供が生まれてから仕事を追い出され、どこも雇ってくれません。」

　靴屋は、ため息をついた。「もっと暖かい衣類はないんですか。」「昨日、最後に残ったショールを質に入れて6ペンス（dvugrivennyj, 2グリヴナ）もらいました。」

　老人は壁にかかっている古い外套を彼女に手渡した。「着ふるしたものだが、赤ちゃんに着せてやりなさい。」彼女は外套と老人を見て、泣き出した。「神様がきっと私をあなたの窓によこしてくれたにちがいありません。でなければ、子供は凍え死んでしまったでしょう。」老人はほほえんで言った。「そうでしょうとも。神様がそう仕向けたのです。私が窓のそとを見たのは偶然ではありません。キリストのためにこれをお取りください（ロ

シアの乞食は物乞いをするときにキリストのために与え
よ、と言う）。そして、このお金で質に入れたショール
を取り戻しなさい」と言った。婦人は感謝して十字を切
り、老人も十字を切って彼女を見送った。

　しばらくすると、リンゴ売りの老女が窓のそとで休ん
でいた。ほとんど売れてしまったらしく、カゴのなかに
は、いくらも残っていなかった。彼女が途中で拾った木
くずをそろえているすきに、一人の少年がリンゴを1個
盗もうとした。彼女は少年の髪の毛をつかみ、警察に突
き出してやる、と言った。靴屋は急いで外に飛び出し、
私がリンゴの代金を払うから、許してやりなさい、と
言った。

　その晩、ベッドに横たわっていると、その日に起こっ
たことが、いろいろと思い出された。雪かきの老人ステ
パーヌィチ、乳飲み子をかかえた婦人、リンゴ売りの老
婆が、次々に、夢の中に現れた。そして最後に靴屋のマ
ルトゥイン・アヴデーイチが天国に召されていった。

［出典］Twenty-Three Tales by Leo Tolstóy, translated
by Mr. & Mrs.Aylmer Maude, The World's Classics.
White Lady（白衣の婦人）は幽霊とされる。ドイツ伝説
ではフルダ（Hulda）あるいはベルヒタ（Berchta）と呼
ばれる。彼女は1879年、ボヘミアのノイハウスの城に現
れた。彼女は建設員たちに城が完成したら上等のスープ
と鯉をあげると約束した。その後、これを記念して復活
祭の前の木曜日に貧しい人々にお菓子が与えられた。

Wine and beer（ワインとビール）

　ワインもビールも世界共通の嗜好品である。だから、民族の相違を越え、国境を越えて、世界中に広まる。

　ワインという単語（ギリシア語）は4,000年前から、ビールという単語（ラテン語）は2,000年前からである。

　ワインはギリシア語oinos（オイノス）からラテン語vīnum（ウィーヌム）に入り、そこから全ヨーロッパに広まった。oinosは紀元前二千年紀にギリシア人がバルカン半島を南下して地中海地域に移住してきたときに、先住民から借用した。地中海文明語である。

　英語の場合はラテン語のウィーヌムが古代英語にwīn（ウィーン）として借用され、長母音īが近代英語の時代に［ai］と二重母音になってwine［wain］となって、これが日本語に輸入されてワインとなった。īがaiになるのは古い英語ī「私」がI［ai］になるのと同じである。

　ビールはラテン語bibere（ビベレ、飲む）に由来する。ローマ帝国の拡大とともに、英語beer、ドイツ語Bier、フランス語bière（ビエール）に広まった。ロシア語の「ビール」pivo（ピーヴォ）も同じ語根で、「飲み物」が本来の意味だった。

　日本語のビールは鎖国時代にオランダ語bierから入ってきたので語尾のrが発音されて借用された。ビアガーデンのような場合は、英語からなので、rの音がない。

wisdom of foolness愚かさの知恵。無心、無銭、無欲（no-mind, no-money, no-wish）。トルストイのイワンの馬鹿、二人の老人。fool saint（p.49）も見よ。

Wolves' Forest, Bamboo Baskets' Forest, Robbers' Forest （狼森と笊森、盗森）宮沢賢治の童話。
（オイノもり　ざるもり　ぬすともり）

　岩手山の北に狼森、笊森、黒坂森、盗森という奇妙な名前の森が並んでいる。昔、四人の農夫が新しい土地を求めてやってきた。このあたりの土地はどうだ。川はあるし、森はあるし、住めそうじゃないか、というわけで、後からついて来る三人の妻と、9人の子供を呼んだ。

　最初の年に小屋を一軒建てて、全員が住んだ。翌年、アワとヒエがたくさん採れた。この年に小屋は二軒に増え、次の年には三軒になった。ある日、子供が四人消えてしまった。男たちは心配して探しに出た。すると、最初の森、狼森で、子供たちは狼と一緒に栗を焼いて食べていた。農夫たちはお礼に狼たちに粟餅を作り持参した。
（あわもち）

　次の年に、農夫たちの鍬やナタが盗まれていた。笊森の赤鬼が、大きな笊の中に盗んだ農具を隠していた。赤鬼は「おれにも粟餅をくれよ。返してやるから」と言った。次の年に、せっかく収穫したアワが全部なくなっていた。岩手山が、盗森に住んでいる黒鬼が盗んだと教えてくれた。黒鬼は「おれも粟餅が食べたかったんだ」と言った。小屋に帰ってみると、盗まれたアワが全部戻っていた。百姓とおかみさんたちは、早速、粟餅を作って黒鬼に届けた。それから毎年、狼森、笊森、盗森に粟餅を届けた。笊森と盗森の間に黒坂森がある。この森に岩手山が噴火のときに大きな岩が飛んで黒坂森に着いた。この岩が伝説を語った。開拓の生き証人なのだ。
（くわ）

209

Work, death and sickness（仕事、死、病気）

　トルストイは『民話23編』（Oxford World's Classics, 1909）の中で次の南アメリカの伝説を伝えている。

　神は、最初、人間が働かなくてもすむように作った。人間は家も衣類も食料も必要がなかった。彼らは100歳まで生きた。病気など知らなかった。

　しばらくして、神は人間の暮らしぶりを見に来た。すると、彼らは幸福であると思っていたが、たがいに喧嘩ばかりしている。自分のことしか考えていないのだ。

　神は考えた。これは彼らが、ばらばらに、自分勝手に生きているからだ。働かなければ生きて行けないようにしよう。そして、飢えと寒さから守るために、家を建て、畑を耕し、作物を収穫するようにしてやろう。そうすれば、彼らは助け合いながら、喜んで働くだろう。一致団結して、生活が楽しくなるだろう。

　しばらくして、神は人間の暮らしぶりを見に来た。すると、彼らの生活は以前よりも悪くなっていた。一緒に働いてはいたが、全員が一緒ではなく、小さなグループに分裂し、仕事を奪い合い、時間と労力を無駄に使って、以前よりも事態が悪化していた。

　神は考えた。人間の死がいつ訪れるか分からないようにしてやろう。そうすれば、割り当てられた時間を無駄に使うことは、なくなるだろう。

　しかし、予想は違っていた。人間の寿命が、いつ終わるか分からないと知って、強い者は弱いものを殺し、他

人よりも長く生きようとした。事態はさらに悪くなった。

　神は最後の手段を考え出した。人間の間にあらゆる病気を送り込んだ。みな病気になるかもしれないと知ったら元気な者は病人をいたわり、助けるようになるだろう。

　病気になったら、人間はおたがいに助け合うだろうと神は期待していたが、結果は逆だった。強い者は弱い者を働かせ、病気の者を顧みなかった。強い者が病気になると、弱い者に介護させた。病気は伝染すると考えて、病気の者を遠ざけ、病人を介護している者も遠ざけた。

　最後に、神は人間の生活に干渉するのをやめた。人間はようやく、幸福にならねばならぬと考え始めた。死が、いつかは訪れることを知って、割り当てられた年、月、日、一時間一時間、一分一分を協力と愛のうちに過ごすことを学び始めた。病気は人間を分け隔てるのではなくいたわりあう機会を与えるのだと悟り始めた。

　［出典］Twenty-three tales by Leo Tolstóy. Translated by Mr. and Mrs. Aylmer Maude. Oxford University Press, 1909, The World's Classics, reprinted in 1930.

world trend 2030年アメリカの覇権（hegemony）はなくなり、中国、インドが躍進し、日本は第4位になる。

yen strength（Yenstärke, la hausse du yen）円高。円をyenと書き、ビールの恵比寿もYebisuと書く。enと書くと、［イン］に聞こえるからだ。1998年8月、ロンドンのパディントン駅で人探しを依頼したら、三宅をMr. Miyakiと発音した。Miyakayと書けばよかった。

211

Yen-tak（円タク）　東京都内どこでもタクシーで1円で行けた時代があった（小沢昭一）。

Yoshi Ikuzo（吉幾三）2015年11月26日、ラジオ深夜便で吉幾三の特集があった。「俺ら東京さ行ぐだ」（作詞・作曲・唄：吉幾三、1984）のイタリア語試訳を掲げる。当時近所の公民館でイタリア語入門を受講していた。

　俺ら東京さいぐだIo vado a Tokyo. テレビも無エ、ラジオも無エ。Non c'è televisione, non c'è radio. ピアノも無エ、バーも無エ。Non c'è pianoforte, non c'è bar. 電話も無エ、ガスも無エ。Non c'è telèfono, non c'è gas. バスは一日一度来る。L'àutobus viene una volta al giorno. 俺らこんな村いやだ。俺らこんな村いやだ。Non mi piace tale villaggio, non mi piace. 東京へ出るだ、東京へ出だなら、銭コア貯めて、東京で牛飼うだ。Vado a Tokyo. Se sono in Tokyo, voglio risparmiare e tenere una vacca in Tokyo.

　［以上の替え歌］おらここがええだ。Mi piace qui. テレビもある、ラジオもある。C'è televisione, c'è radio. ピアノなんかいらね、バーなんかいらね。Non voglio pianoforte, non voglio bar. 電話もある、ガスもある。C'è telèfono, c'è gas. バスは2時間おきに来る。L'àutobus viene ogni due ore. 電車は10分おきに来る。Il treno viene ogni dieci minuti. おらもう仕事はねえ。Non ho lavoro più. だが食ってはいける。Ma posso mangiare. 英語の授業もある。生徒もいる。Ho una classe d'inglese, e degli allievi.

おらここがええだ。Mi piace qui.（近所の英語教室、小学生用の）

Yurakucho（有楽町）1957年、高度成長期の初期、有楽町に百貨店「そごう」の東京店が誕生した。低音の魅力フランク永井（1932-2008）の「あなたを待てば、雨が降る、濡れて来ぬかと、気にかかる、ああビルのほとりの、ティー・ルーム…」で始まる『有楽町で逢いましょう』Let's meet at Yurakucho. It's raining, while I'm waiting for you.（吉田正作曲、佐伯孝夫作詞）の歌声とともに、夕暮れになると、若いカップルが群れをなした。

za（ザ the）：ザ・ホテル、ザ古本、ザCDなど、文法的な単語が日本語に普及するのは、めずらしい。

北原白秋「蕗の薹（ふきのたう）」（p.64）

あとがき（エピローグ）

　読み返してみて、エリセーエフ（才能p.39）、ア・ジャパニーズ・ロビンソン・クルーソー（不屈の精神p.87）、中川芳太郎（博読、博識p.133）には心底から感動させられる。いつものことながらトルストイ（p.43,163,204,210）を読むと、暖かいものがこみあげてくる。キリストの教えを民話の形で農民たちに伝えたのである。

　アンデルセン、グリムもそうだが、これらの書物を、生涯の友、とすることができたことを、しあわせに感じる。漱石の「文士の生活」（p.180）もおもしろい。

[ピックアップ項目] ⑤半死半生（p.143）；⑥まず生きよ、それから哲学せよ（p.158）；⑦Sōseki文士の生活（p.180）；⑧Sōseki sanbō（漱石山房、p.181）漱石生誕150年を記念して2017年に漱石山房記念館が新宿区に建設された。漱石山房の木曜会に参集したのは…；⑨詩人がトラになった（p.193）；⑩吉幾三（おらこんな村いやだ、東京さ行ぐだp.212）

著者プロフィール

下宮 忠雄（しもみや ただお）

1935年東京生。ゲルマン語学・比較言語学専攻。2005年学習院
大学名誉教授。2010年文学博士。主著：バスク語入門 (1979)；
ノルウェー語四週間 (1993)；ドイツ・西欧ことわざ・名句小辞
典 (1994)；言語学I（英語学文献解題第1巻、1998）；グリム童話・
伝説・神話・文法小辞典 (2009)；エッダとサガの言語への案内
(2017)；オランダ語入門 (2017)

話のくずかご Anthology of tales and words

2017年12月15日　初版第1刷発行

著　者　下宮　忠雄
発行者　瓜谷　綱延
発行所　株式会社文芸社
　　　　〒160-0022　東京都新宿区新宿1−10−1
　　　　　　　　　電話 03-5369-3060（代表）
　　　　　　　　　　　 03-5369-2299（販売）

印　刷　株式会社文芸社
製本所　株式会社本村

©Tadao Shimomiya 2017 Printed in Japan
乱丁本・落丁本はお手数ですが小社販売部宛にお送りください。
送料小社負担にてお取り替えいたします。
本書の一部、あるいは全部を無断で複写・複製・転載・放映、データ配
信することは、法律で認められた場合を除き、著作権の侵害となります。
ISBN978-4-286-18945-1